不行的旅行

豆腐火火——著

她，是一嚙被移動的豆腐。

她，是勇敢的懦夫，又是拼命三郎，像是極度容易受傷的郭嘉，
更是鬼主意盟生者。

旅伴拓嗨

「真的身分不過送運，這趟旅行若算開心，亦是無負這一生⋯⋯」

沒有序的罪
沒有序的罪
沒有序的罪
　沒有序的罪
　沒有序的罪
　　沒有序的罪
　　沒有序的罪
　　　沒有序的罪

　沒有序的罪
　沒有序的罪
　沒有序的罪
　沒有序的罪

　　沒有序的罪
　　沒有序的罪
　　沒有序的罪
　　沒有序的罪
　　沒有序的罪
　　沒有序的罪
　　沒有序的罪
　　沒有序的罪
沒有序的罪

沒沒有序的罪沒沒沒
有有　　　有有有
序序　　　序序序
的的　　　的的的
罪罪　　　罪罪罪
沒沒　　　沒沒沒
有有　　　有有有
序序　　　序序序
的的　　　的的的
罪罪　　　罪罪罪

沒有序的罪沒有序的罪
沒有序的罪沒有序的罪
　沒沒　　　　沒沒
　有有　　　有有有
　序序　　序序序序
　的的　　的的的
　　罪罪　罪罪罪
　　沒沒沒
　有有有有
　序序序序序
　的的的的
罪　的　　的的
　罪　　　罪罪
　罪

　　　　沒有序的罪
　　　　沒有序的罪
　　　　　沒有序的罪
　　　　　　沒有序的罪
　　　　　　沒有序的罪
沒有序的罪沒有序的罪沒有序的罪
沒有序的罪沒有序的罪沒有序的罪
　　　　沒有序的罪
　　　　沒有序的罪
　　沒有序的罪
　沒有序的罪

　　沒沒沒有序的罪沒有序的罪
　　有有有　　　　沒沒沒
　　序序序　　　　有有有
　　的的的　　　　序序序
　　罪罪罪　　　　的的的
　　沒沒沒　　　　罪罪罪
　　有有有沒有序的罪沒沒沒
　　序序序　　　　有有有
　　的的的　　　　序序序
　　罪罪罪沒有序的罪的的的
　　沒沒沒　　　　罪罪罪
　　有有有　　　　沒沒沒
　　序序序　　　　有有有
　　　　　　　　　序序序

這本書
　　沒有序，
　　　我討厭為
　　　　填充框架
而寫的文字。沒有推薦序，又如何，
，
賣　　　作者的一面鏡子，即使邀得城中
書　　　　　　　　　　　　名人
讚　　　　　　　　　慷慨
書　　　　　　贈言
香　　　　　，
意　　　　　　都
義　　　　　　　不
何　　　　　　　　會
在　改變這個事實，加上名人又憑甚麼代表
？　　　　　　　　　　　你呢
明　　　　　　　　　　　　？
明　　　　　　廢
書　　　　　　話
本　　　　　　少
來　　　　　　講
就　　　　　　，
不　　　。　　　就
折　　吧　　　即
不　　　罪　　管
扣　　　　的　把
是　　　　　序　我
　　　　　　　有　蒙
　　　　　　　　沒　上

Dam m'l tinmad

WHATEVER YOU THINK,

Damnit I'm mad

THINK THE OPPOSITE

某某說：「你不要推薦序，那自序呢？」

我，全身沒半斤肌肉，擁有一雙長期乏力的腿，偏偏這雙累事的腿就換來了「不行」卻難忘的旅遊經歷。

平日Google Map預測走十分鐘的路，我搞二十分鐘，雙倍是基本。超過十分鐘的路？口裡說得，身體卻很誠實，只要稍為走動，全身的贅肉就開始像豆腐般晃動，當嘗試走快一點，或者走遠一點，兩條腿的神經線就會發出痕癢的訊號，不禁狂抓，令人抓狂。假如四肢動作大一點，一不小心就瘀了，猶如豆腐被壓碎一樣，全身散晒，一點都沒誇張。

由於無時無刻都如軟塌的豆腐一樣，彷彿沒有脊骨，也沒有肌肉，終日就坐在車上滑來滑去，然後被運到世界各地，就這樣成功硬闖了不少國度，身邊的老司機拓嗨就是這樣練成的。看到這裡，可能已經忍不住咒罵「死港女」，但單憑表面，有理無理標籤化，一窩蜂加把嘴先罵為敬，那又何嘗不是典型的港燦呢？而且書名不就已經說了這是「不行」的旅行嗎，都說了，還要看？

「不行」，自然有「不可以」或者「不達水平，不合標準」的意思，不過在廣東話，「不行」又有不走路的意思，所以《不行的旅行》其實既有「糟糕」的意味，也表達了不太用腳「行」的旅行。在世人眼中，不是馬拉松式的背包行或者環島單車遊，又不是去冷門的危險國度等等，基本上就等於沒有主題、沒有風格、沒有深度的旅行，內容自然不行，一來沒有吸引力，重點是哪有市場，說穿了就是沒有出版的價值。雖然

不
行
的
旅
行

遊戲規則是這樣，但恕我不能理解，按框架選材，配創作嗎？千篇一律，妄下定論才真的不行。我怪，但世界又何嘗不怪？

旅行，不就是要在平日勞碌的生活中停一停，休息一下嗎？坐一坐，耍一耍廢，才能走更遠的路，沿途甚至看到不一樣的旅人視覺，難道只有背包行才有旅行的意義，要苦行般的模式才可悟出人生道理？沒有試過「不行」的旅行，又憑甚麼說不行呢？現在你翻著這本書，不也是去了趟「不行的旅行」嗎？盲腸是需要突破的。

踏上這無盡旅途，慵懶地跟隨自己的步伐探索，卻又貪心地要征服一個又一個目的地，堅持舒適地離開舒適圈，矛盾就是基本，我的人生也大概如此。

行啦，出發！

*警告：這是一本常人眼中文筆很爛，兒童不宜的書，慎入！

#在日本箱根街頭食自己

#以為上咗秋明山　#幻想拓海載我飄移
#坐這山望那山　#富士山

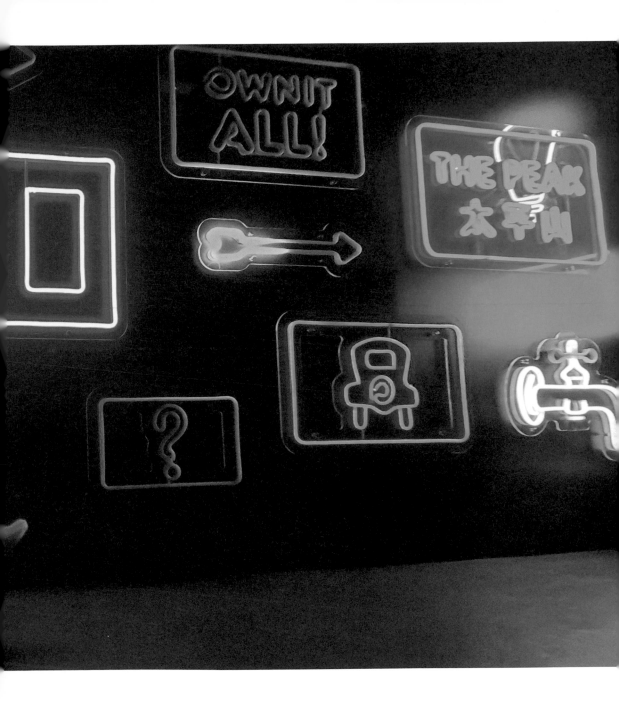

目錄

催眠系列

A

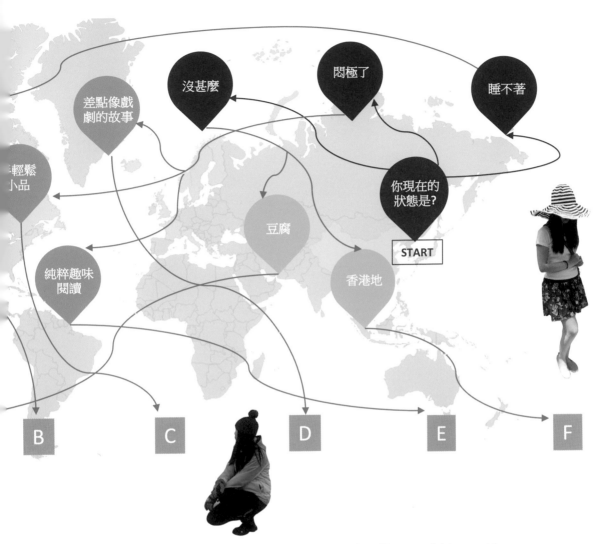

你現在的狀態是？

START

沒甚麼

悶極了

睡不著

差點像戲劇的故事

輕鬆小品

豆腐

純粹趣味閱讀

香港地

B C D E F

香港郵輪碼頭

Au
A
Am

Ar

Attit

Agility in Adversity and Absurdity

Add oil

A0

Appreciation counts

A貨 Atypical

A5 wagyu A4 size

Aim high Anti-Social

ronyms

Audience matters

A. for Author

biography AA制 Authentic stories Ai

Amateur

超能膠 Against all odds A字膊 Alienation

A-Level

ous AA電 Anxiety Adventurous journey Aw

Ambitious

customed to traditions Alive in the wonderland

Autonomy

American Dream Authority sucks A片 Amoeba

drenaline crush Affectionate Awkward

alyze Assumptions

Arbitrary argument Aspirations

affects Accomplishment

Adaptable

Addicted to travel

Advertising is Abstract

Acquaintances

AI Achievement

Artificial unintelligence Ask the right questions

Actions don't always speak louder than words

Aloha!

「勞役」㗎妹

旅行最深刻的未必是當地的山明水秀，反而旅途上遇見的人和事可能更耐人尋味，刻骨銘心。京都充滿懷舊氣息和重視傳統相信是眾所皆知，偏偏我在京都遊歷期間卻遇上衝擊傳統價值觀的一件小事……

嵐山位於京都近郊，以風景聞名，其中的竹林為遊客熱門的打卡景點之一，作為港女的我，此行的重點當然就是要一睹竹林。

嵐山四周除了山山水水吸睛之外，另一惹人注目的焦點必然是一眾身形健碩的肌肉男，他們的正職是拉人力車的車夫，副職就要坐過先知了。話說我是個好吃懶做，沒什麼大志的港女，即使平日搏盡工作，其實一半係責任，另一半係為將來可以過懶洋洋的生活而打拼。我懶得連四肢都近乎沒有肌肉，有時行路超過十分鐘就會因為血流加速令微絲血管膨脹而開始身痕，根本就是無肌肉又無脊椎的動物。為了慳力，我可以無所不用其極，完全失去理智。

當遇上肌肉男拉車，我的雙腿自然產生生理反應，按捺不住想馬上矗上車。坐人力車這件事遊客味甚濃，扮理性的我即時叮一聲，想好一堆「理由」說服同行的旅伴一起體驗坐人力車代步遊竹林。然而，其實旅伴多年來深明我需要坐的慾望分分鐘比需要他還強烈的道理，在這一點上，連神仙都hold不住，他也只好無奈地接受。不過，循例也是要找「理由」，我想好了台詞，準備跟他説人生幾乎未坐過人力車，又可從較高的視點觀賞竹林和拍照，而且價錢合理，結果還沒有説完，旅伴就已經

用那句幾乎是口頭禪的「okay okay」回應了。

我即時衝去報名，滿心期待感受強勁的臂彎展示力的表現，意想不到的是我們竟被安排了由一名女人力車夫接載。知道不是「鮮肉」猛男，固然有點失望，但如果當場拒絕，恐怕會令女車夫失落。再三與她確認過能承受我們的重量後便隨隨上車，沒想到就此展開了一場惡夢⋯⋯

眼見比自己還要瘦削的女車夫烈日當空下拉車已經滿頭大汗，還一邊介紹沿路走過的地方，我確實戥[2]她辛苦，不禁每隔幾分鐘就問她是否需要休息。然而，每一次她都會回眸一笑，確切地回應她很okay。事實上，她每說一次okay，我心裡就覺得越不okay。明明年紀相若，她在拉車，我卻在坐車，將自己的快樂建築在別人的痛苦上，我又過意得去嗎？客人又如何，大晒麼？奈何當時的我卻慚愧得連掛在嘴邊那句「It's okay to be not okay」都講不出聲。

不知道是咪[3]人坐得高，就會給人高高在上的感覺，人力車一邊向前行走，就發現身邊的路人甲不時會抬頭以奇異的目光注視著我們，這時我一雙眼竟不由自主地逃避人群的目光。當進入了竹林範圍，道路明顯收窄，開始人車爭路，沒想到在擠擁間，我們竟比旁邊的竹樹更吸睛，路人都紛紛望望女車夫，再打量我們，這種感覺有如做了虧心事般難受，做遊客做到如此Sam Hui[4]真是第一次。（有圖有真相，請留意圖中眾生表情）

終於在眾目睽睽之下，有路人忍不住以一口純正的廣東話訓斥我們：「搞錯呀！有男仔都要個女仔拉車咁辛苦，咁後生[5]，落車自己行啦！」這句説話實在難聽過粗口[6]，我倆彷彿做了罪人一樣，被指責自以為高人一等就收買人命，勞役弱質女流，這句説話出自日本人口中還好，至少聽不懂，面對港人「義士」去到竹林也不忘幫女車夫發聲，旅伴一面無奈地説他想隨地挖個洞跳進去，其實我又何嘗不是呢？然後我們都不其然地沉默了，只怪自己累事，一心只想盡快結束這趟「貼錢買難受」的人力車之行。

當大家同情女車夫兼唾罵我們之際，我嘗試代入女車夫的角色。作為大學生的她，能操流利英語，在日本應該不愁出路，但既然選擇了這份工作而又成功被錄用，相信她絕對有能力駕馭。為什麼世人偏要認為這份工作對她來説是一份苦差呢？的確男女先天條件有別，但在今天追求平等的社會，將工作以性別定性，又是否合理呢？然後為什麼「後生」體驗人力車就一定不對？又為什麼男乘客就不可被女車夫接載呢？如果換成女車夫載女乘客或者由男車夫接載我們是否就變得合理呢？難道要她像的士佬一樣拒載[7]嗎？與其站在道德高地責備批評，何不多給予女車夫鼓勵和十卜[8]，讓她更有動力走過被那些道德高人阻擋著前進的去路呢？説句「奸爸爹[9]」不是來得更有意義嗎？身為女性，我恨自己覺悟得太遲。假如當日可以重來，我必定能招架這些「路見不平」的阻膠[10]，而不是在反覆懷疑自己有多殘忍，然後懦弱地逃避，逃避根本又可恥又無用[11]。

嵐山人力車體驗@竹林
#奸爸爹　#開路先鋒　#當旅神遇上嵐神　#你是女神
#沒有扁尖荀的竹林深處人家　#冒汗推車

#茶是故鄉濃　#綠茶控　#宇治　#綠茶點止得中村藤吉
手搓綠茶@福壽園
#搓mybest　#汗味綠茶　#金枝綠葉　#自己茶葉自己搓
#綠茶見學　#長知識

相信女車夫除了需要鍛鍊自己的力氣，她更需要磨練出無比的勇氣才可
在一個謹守傳統的城市作出這個選擇。看著女車夫，我不禁想起曾經在
工作面試，遇過一位老細[12]問了一個人生之中從沒想過的問題，他友善
地問：「你覺得自己有使命感嗎？」，對於「使命感」這三個字，我感到
陌生，以為自己見工算是身經百戰，卻好像被這條題目考起了，答有又
死，冇又死，重點是工作不是為了錢或是名利，就是為興趣，使命感？
好像不曾在我的字典出現過。想了一想，唯有話：「我唔敢講自己係個
有使命感嘅人，但自問工作上算係個有責任感嘅人。」只能說我輸了，
雖然面試通過了，而他也成為了我今天的老細，但自省過後，完全覺得
自己與女車夫比下去，從女車夫的工作，我看見一份宣揚女性不甘示

弱，男女平等的強大使命感，與女車夫相比，簡直相形見絀。做女車夫真不易，不，我不應該稱呼在整個嵐山有如稀有動物的她為女車夫，應該叫她「嵐」神，比肌肉男更型的嵐山女神。我真心佩服「嵐」神，希望她能為自己選擇的路感到驕傲，堅持走下去。

或許人坐得越高，視野真的會越闊，不妨轉一轉觀點與角度，試下做「高人」，説不定你也會見到杜德偉個friend，「道德」l[13]吧！

（P.S. 由於坐人力車期間大腦進入交戰狀態，根本不能集中欣賞竹林，於是下車以後又重遊一遍。路，還是不得不行呢！）

宇治川覓食@鮎宗

#除大赤腳　#食風又食景　#Imushi烤鰻魚珍珠雞
#傳統是個好東西　#高CP值午餐之選
#宇治川重有得坐屋型船睇季節限定嘅鵜飼　#鵜飼即係睇漁夫表演用雀幫佢捉魚

茶道@對鳳庵
#gfable #對面的旅孩看過來 #嬤嬤泡的茶 #港女學禮儀

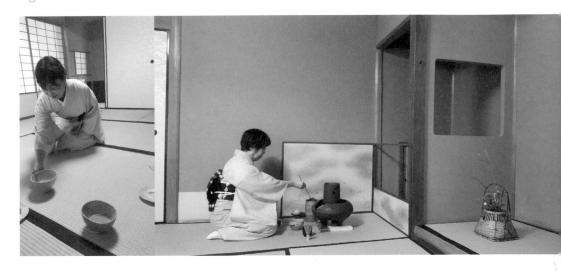

抹茶磨粉@三星園
#想同拜拜肉講88 #力的表現 #自己抹茶自己磨

1 「㗎妹」是日本女生的意思。

2 「戥她辛苦」即替她辛苦的意思。

3 「是咪」等於「係咪」，即「是不是」的意思，是香港網絡潮語。

4 「Sam Hui」解作「心虛」。由於香港70年代的著名歌手許冠傑之英文名字 Sam Hui與廣東話「心虛」是諧音，「Sam Hui」變成了潮語。

5 「咁」泛指「那麼」，「後生」即「年輕」的意思。

6 「粗口」是「髒話」的意思。

7 香港的計程車司機被稱為「的士佬」，香港某些計程車司機會選擇性接載乘客，雖然拒載是違法，不過不少本地人也有被拒載的經驗。

8 「十卜」是「Support」的諧音，表示支持的意思。

9 「奸爸爹」是日語「ganbadei」的諧音，是加油的意思。

10 「阻膠」或「左膠」有多種解釋，有指社會上過分追求道德和理想而忽略了現實，令公義無法得到伸張的人，也有指是非不分，或者意見不合人士，都帶貶義。

11 此句由人氣日劇《逃避雖可恥但有用》演變出來。

12 「老細」是「老闆」的意思。

13 「道德L」形容道德主義泛濫、矯枉過正之人，「L」或其代表的「撚」字稍有貶義化此類人士的意味。同一句也提到「杜德偉個friend」，是因為「杜德偉」（一名香港藝人）和「道德L」首兩個字的廣東話讀音一樣，而當兩者有共通點，就會用「XX個friend」這組潮語來形容，像朋友有共通點一樣。

不能說的咪咪

提起荷蘭，我想不到任何比單刀直入更好的表達方式，在沒有引言，沒有鋪排下，赤裸裸地分享一些以往刻意隱瞞的經歷。

話說大部分荷蘭遊客都會到阿姆斯特丹的紅燈區朝「性」[1]，其實，幾乎每一個國家都有紅燈區，而荷蘭的紅燈區之所以聞名於世是因為當地嫖妓不犯法之餘，一眾玲瓏浮凸、婀娜多姿的妓女更會在大庭廣眾隔著玻璃，坦蕩蕩地色誘窗外的路人，向他們拋媚眼公開賣淫，一旦妓女將窗簾拉上，就代表她們已在忙碌地啪啪啪[2]，這都是公開的祕密。

看著紅紅綠綠的霓虹燈反射在堤壩的波光有點迷幻，當時在紅燈區桃色冒險的我，其實沒有太著眼於妓女的樣貌身材，以至她們的一舉一動。盤旋在我腦海的只有一堆疑問：假如窗內的她是認識的，我會有什麼感覺呢？這門看似公開的色情事業，是否真的廣為當地人所接受呢？

眼前所見不禁勾起童年回憶，自小父母就教我做人要誠實，不可以說謊，然而有一件事情，總是要我說謊的，就是他們當時的職業。凡遇到有人問起父母的工作，就說他們是做生意的，總之不要問，只要信[3]。小時入世未深的我，連自己擘大眼講大話[4]都懵然不知，唯一知道的，是每日父母都在晚上上班。每次目送他們上班，在公司門外都會被止步，站在門外的我總會好奇地從門隙窺看裡面那個夜夜笙歌，華麗又神祕的世界，然而這些經歷都跟同學們有點不一樣，說穿了就是異類。

隨著日漸成長，憑著對社會的認知，加上平日的觀察，慢慢意識到父母都在娛樂場所工作，再長大一點，就開始明白他們要我說謊的出發點。時至今日，父母都退隱江湖了，然而，每當被問起他們昔日的職業，我仍舊難以啟齒，是三十年來麻木到戒不掉的習慣，還是依然玻璃心[5]，怕被標籤所以逃避呢？我都分不清楚。

明明職業無分貴賤，而且公司打開門做生意，一樣每月出糧交稅養家，與社會上其他工種的本意沒差，但偏偏聽到夜總會三個字，就好像自動會被視為不正當的黃色事業，低人一等。其實，行行有犧牲，父母日夜顛倒，努力賺辛苦錢養家，甚至挨出職業病，足夠敬業了，以任何形式貶低都是不合理的。雖然這門生意已經成為夕陽工業，今天幾乎絕跡，但我仍希望社會的思想可以開放一點，改變這種保守的價值觀。其實，誠哥[6]早就完美演繹了出身與成就沒有必然關係，只有思想狹窄，膚淺愚昧的人才會狗眼看人低。

我在想，如果生於荷蘭這個看似較為開放的社會，可能忌諱就不會存在。其實，不提不講也不代表事情不會發生，避而不談只會增加盲點，試問世上哪有一個地方沒有娛樂場所，可以完全杜絕色情事業？

夜遊紅燈區
#火熱動感啪啪啪　#去有料案內所桃色冒險　#越夜越有機
#午夜胸鈴　#閒人免進非誠勿擾　#嚴禁打卡
#明明綠燈轉眼變成紅燈_假使相當勇敢怎可挽回自身
#獨自去偷歡　#何以要忌諱赤裸

紅燈區的每一塊玻璃將妓女的存在和工作透明化，儘管如此，妓女和其他人仍然被這塊玻璃分隔開，彷彿存在於不同的空間生活，不禁令我聯想起與世隔絕的囚犯與外界人士接觸也只能隔著玻璃，難道紅燈區的玻璃也迫著妓女與現實世界隔離，與其他人注定有隱形的隔膜？我想近距離接觸她們了解更多，不過閒人免進，加上當地有規矩禁止遊客跟妓女影相，逗留了一陣子就離開了。

話說回來，在香港，「性」這個中性的字仍然好像是禁忌一樣，先不論「色」，單是性教育，回顧自己學生時期接觸的課程就只會涉及青春期變化和生殖原理，其他的性知識幾乎隻字不提。其實，正因如此，學生往往就會用自己的方法去探索未知的領域，反而令一切變得更難掌握。既然食色性也，人有七情六慾也是正常不過的自然定律，那何不正面地欣然接受，開放地探討呢？

記得大學時期修讀西方的兒童文學，從教授口中得知《小紅帽》其實是在說一個強姦的故事，睡公主織布被針刺傷留血是破處的啟示，白雪公主吃掉巫婆的蘋果是初嚐禁果的暗示，童話故事中的城塔是男性性器官的象徵，當時我滿腦子黑人問號[7]，如此隱晦，實在少一點幻想力都不能理解，更沒想過這些所謂的「兒童不宜」居然也滲進了兒童的世界。

某程度上，踏入成人的世界就意味著要接受兒童不宜，走出美好的幻想，發現事實，這大概就是成長必經。社會對所謂的成人話題有所忌諱，文筆隱晦，老師不教，家長避而不談，大家都渾渾噩噩地在模糊不清的狀態下自我探索，慢慢領略，走過成長之路，這樣的學習方式真的比光明正大地教育有效嗎？畢竟那些經典而隱晦的寓言故事都是N年前寫的，讀者也不能「怪那一位安徒生，故事編寫得太動人」[8]，但今時今日我還是認為開放的教育，讓人全面認清事實，才會有「live happily ever after」[9]的童話式結局。

在荷蘭，黃賭毒，還有安樂死，在符合條件下進行都不構成犯法。說起毒，記得空氣中不時洋溢著大麻的氣味，在街上亦經常會見到「coffee shop」，即是賣大麻的地方，有少許遺憾當時沒有亂入參觀一下，主要是沒有吸毒的膽量，也怕遇上鬧事的癮君子。其實，吸大麻的不一定是

壞人，不吸大麻的也不一定是好人，然而，又是自小受的教育告訴我們，在所謂的社會道德標準下，吸毒就是壞人。我不禁質疑，究竟小時候學習的價值觀還有多少的參考價值呢？我一向都十分尊重傳統，但秉承傳統是否就等於價值觀需要保守呢，兩者必然是對立的矛盾關係嗎？倘若思想狹窄，未經過濾就全單接收社會上不合理的標籤，只會慢慢被荼毒，繼而自己也不知不覺成為毒犯，在社會上四處播毒，助長歪風，禍害隨時比在coffee shop吸大麻中的毒更深，記住，向「毒品」說不，「企硬，take嘢，衰硬」[10]！

在很多事情上，大如明辨是非黑白，小如睇龍虎豹風月版AV[11]，開放的思想是必要的，哪有這麼多不能說的咪咪呢？

1　廣東話的「性」字和「聖」字讀音一樣，這裡刻意用此諧音字來突出內文主題。

2　「啪啪啪」是潮語，代表發生性關係。

3　「不要問，只要信」是網路金句。

4　「擘大眼講大話」是粵語常用的諺語，是睜大眼睛在說謊的意思。

5　「玻璃心」形容脆弱敏感，容易受傷，因為玻璃造的東西特別易碎。

6　「誠哥」是指商人李嘉誠，曾經是亞洲首富，從賣塑膠花白手起家，年輕時更打工處理過雜務如清潔廁所等。

7　「黑人問號」是不明所以，大惑不解的意思，出自一名NBA黑人球員的訪問，他露出一個疑惑的表情，被截圖再加了問號，然後被廣泛使用。

8　來自香港流行曲〈安徒生的錯〉的一句歌詞。

9　此為童話故事的典型結尾句，是大團圓結局的意思。

10　此為多年前香港經典的禁毒廣告口號。

11　「龍虎豹」是早期香港的成人雜誌，「風月版」是指報紙的成人版，「AV」是日本的成人影片。

我在佛羅倫斯向惡霸挑機

2015年9月‧意大利

話說阿媽是個迷信的人,而我或多或少都已被潛移默化,無論是風水命理,生肖鬼神,抑或星座塔羅都略信一二。每次旅行前,我總會從阿媽手上接過出門利是,然後全程像婆仔一樣將利是跟身。一如以往,阿媽一手交利是,一手交國家級任務,企圖賄賂我在不同國家買指定的手信,今次去意大利的任務就是搜羅一個像樣的皮背囊[1]。

素來我沒有太強烈的意欲買手信[2],也沒有託人帶手信的習慣,總覺得不好意思麻煩別人,一來行程未必途經,二來即使找到目標,要別人在旅途上四出攜帶都會造成不便。不過,作為港女,說自己一向沒有濕平[3]癮也是騙人的,只是旅遊日子有限,我傾向將旅遊的時間盡量花在經歷和體驗上,畢竟今天有網購又有代購,即使在香港想跨國買心頭好都不太難,當然價錢相對較貴,但因為濕平而錯過了有錢都未必買得返的親身經歷只會更遺憾,不過,阿媽吩咐的當然例外。

意大利國際知名的品牌多不勝數,可惜逛大型商場掃名牌不是我杯茶,個人對用心經營的小店較有興趣。走出佛羅倫斯火車站,見到遠處一間小店的櫥窗,掛著一個疑似符合阿媽要求的目標背囊,目測價錢十分吸引,於是便衝上前眈眈[4]。沒想到作為消費者的我,只是問了三個正常不過的問題,店主居然憤怒得扮狗吠人。我必須強調兩點,第一,店主和我在對話中沒有口角,一向主張和平的我並沒有出言侮辱,也沒有惡意縱傷,第二,店主真的激動得當場扮狗汪汪叫。

案件重組一下，由於當時目標背囊被放在櫥窗內，要看清楚實物就不得不找店員協助，於是我走進店內，只見一名身形高大、中年發福的意國大叔正坐著看古董電視，他瞥了我一眼，我隨即禮貌地問：「Can I have a look at the bag outside？」他不發一語，只是以龜速拿起鎖匙，不情願地動身，之後懶洋洋地打開櫥窗，將減價的背囊拿下來。

我隨口問了大叔一句：「Is this real leather？」，他沒有回應，只是以意大利文自言自語，露出一副兇神惡殺的表情，並馬上收回我手上的背囊，繼而指手劃腳，企圖將我拒之門外。我心想，以這價錢買到真皮固然執到[5]，但即使彷皮粗用也不介意，為免大叔覺得我運吉[6]，加上可以早日放下買背囊給阿媽的心頭大石，我決定就要那個背囊，然後循例一問大叔：「Do you have a new one？」誰不知他又極燥底[7]地說沒有，我唯有粗略地檢視一下手上的陳列品，結果發現袋上有一道明顯的花痕，便向大叔示意，怎料他爆發了，不但以仇視的目光盯著我，還大聲扮狗吠向我咆哮，一邊汪汪亂叫，一邊用手勢示意將我趕走。

此時，和理非[8]的我終於忍無可忍，明明一買一賣，你情我願，如果懶得開櫃，大可以將貨品放在店內，如果放在櫥窗的貨品只此一件，大可以標示說明，我是願意買陳列品的，過程中也沒議過價，實在不能理解作為消費者就貨品提問有何不對，他憑什麼十問九不應，還反過來野蠻地遷怒於客人，豈、有、此、理！我絕不能啞忍如此不公平的對待，也不想輕易罷休。正當我怒火中燒，準備跟他理論之際，旅伴奮力地將我從水深火熱中拉走了，此舉將我的怒火燃燒到極點。

我討厭那可惡的大叔，但更生氣的是旅伴不但沒有替我出口氣，還設法將我拉走。大叔越想我離開，我就偏要留下來，走只會讓大叔達到目

的，就是要他知道本小姐不是老奉[9]受氣的。旅伴過程中食花生[10]都沒話好説，最離譜是把我拉走後，還怪責我生事丟架。明明道理就在我這邊，為什麼要輕易屈服呢？旅伴大條道理説他只想阻止我與大叔爭執，畢竟不在自己地頭[11]，胡亂生事只會添麻煩，即使報警也難保意國沒有克警[12]，加上明顯我倆不夠揍，君子報仇十年未晚。

冷靜下來後，我反省整件事，嘗試理解我是否做錯了什麼令大叔如此抓狂。估計對他來説，做黃皮膚的嘜妹生意本來就十萬個不情願，足以令這位意國大叔尊嚴受損，加上遇著我這個不識趣的人，一不小心連環發炮，中正他的死穴，先見證他將貨品減價賤賣，繼而觸及皮革的真偽，再揭發貨品有瑕疵，一步一步迫著趾高氣揚的大叔在一個亞洲面孔的女子面前暴露自己的弱點，像是被人踐踏一樣。大概因為有如古老石山的他放不低種族的成見，自以為高人一等，覺得自己的尊嚴被踐踏才會如此激動，活到幾十歲都不化，何必呢？

事發幾年後，當我看到2019奧斯卡最佳電影《綠簿旅友》（The Green Book）的其中一幕就覺得好有共鳴。那一幕提到美國黑人音樂家看準了身形高大的意大利中佬[13]夠兇又夠好打就聘用他為私人司機兼保鏢，而意大利中佬為了養家便勉為其難替黑人打工。傲氣十足的司機狗眼看人低，拒絕聽從另一位印度管家的指示將行李放進車廂，堅決不屈服。看到這裡，腦海就馬上閃過當時自己在意大利的經歷。作為觀眾，我完全理解電影何以會選擇描繪來自意大利的司機以帶出種族歧視的問題，而戲裡的主角只是一個縮影，諷刺在追求平等的社會，任何形式的種族歧視都是不文明的表現。

在我的認知裡，一直都以為有錢就有尊嚴，財大才會氣粗，如果錢都不

多，又能憑什麼談尊嚴呢？即使窮不等於一定會卑躬屈膝，但至少不敢鋒芒畢露，橫行無忌。不過，從意國大叔身上，我領略到何謂有骨氣，明白到民族尊嚴不一定要建基於任何事物，得返樽鹽[14]都可以比窮得只剩下錢的人更富有。也許意大利人骨子裡就有種傲氣，一種我想學也學不到的傲氣，因為第一步就先要對自己的民族感到自豪，然而，今日作為香港人，又可憑什麼引以為傲呢？我想不到。

雖然最後我在沒有反擊的情況下撤退了，但回想起來，和理非動口不動手也能成功挑釁意國大叔，說不上是贏了漂亮的一仗，但也算不過不失吧。如果當時賴死不走，誓要跟他糾纏下去討回公道，可能刺激到大叔心臟病發，那我豈不是隨時被砌生豬肉[15]，原告變被告？又也許我會被意國大叔幫圍毆，甚至被消失，所以旅伴也不是全無道理的。其實，惹怒大叔的是他的心魔，他被迫與心目中的次等民族擾攘一番後，大概已經自覺尊嚴盡失，何況一分錢都賺不到。還是凡事留一線，可能我們走了，會令他自我感覺良好一點，至少讓他保留僅餘的自尊，以示不為五斗米折腰。究竟放下身段，擺低成見，放過自己，是不能還是不為呢？

故事教我對付牛高馬大的惡霸未必需要勇武，以柔制剛都可能出奇制勝，最重要留得青山在，哪怕冇柴燒。有保命符就袋住先，記得袋穩出門利是，最緊要「代代平安」。

五漁村 @Manarola Via dell'Amore
#從愛的小徑俯瞰火車站　#係愛呀
#一齊行呢條路重唔係有路？

五漁村
#五漁村真係有五條漁村

米蘭大教堂

羅馬鬥獸場
#我的羅馬假期只有兩天

在Parma參觀Parma Ham廠
#牆腿　#吹呀吹讓這風吹
#有時間參觀埋Parmesan Cheese廠

法拉利博物館
#紅色的跑車是帶著神祕
#香港街頭嘅跑車居然多過喺意大利

梵蒂岡聖彼得大教堂
#全世界最細嘅國家有全世界最大嘅教堂
#梵蒂岡重細過新蒲崗都可以自成一國

不
行
的
旅
行

38

威尼斯體驗貢多拉
#威尼斯商人很傷人 　#貢多拉上的水魚

威尼斯小島Burano
#彩色屋仔島 　#喱士島 　#順路去埋玻璃島_Murano

佛羅倫斯
#皮有皮味 　#HandmadeinFlorence
#高質 　#Tailor-made
#雞毛已飛甩_支持小店
#專業人士唔係只得醫生律師

1　「皮背囊」是皮革背包的意思。

2　「手信」是拌手禮的意思。

3　「濕平」是「shopping」的諧音，購物的意思。

4　「眅眅」是「看看」的俗語。

5　「執到」本來是撿到的意思，在這裡的用法其實意指「執到寶」，也就是撿到好東西的意思。

6　「運吉」是搞亂的意思。

7　「燥底」是暴躁的意思。

8　「和理非」是「和平、理性、非暴力」的簡稱。

9　「老奉」是理所當然的意思。

10　「食花生」是潮語，即袖手旁觀，看熱鬧的意思。

11　「地頭」是主場或地方的意思。

12　在粵語，「克」和「黑」是同音字。「克警」一詞源於香港警方曾經在社會運動期間自稱克制容忍。

13　「中佬」指中年男人。

14　「樽鹽」是「尊嚴」的諧音，潮語之一。「得返樽鹽」是只剩下尊嚴的意思。

15　「被砌生豬肉」是被誣蔑，誣告或者被捏造證據的意思。

摩女・擇急變

2019年6月・紐約

身為無雀嘅腳仔,每次訂酒店最關心的莫過於電梯和廁所了。當住過Easy Hotel,體驗過在只有一個身位闊的樓梯間抬行李,喘著氣拾級而上是多麼的uneasy,又試過半夜凍冰冰睡眼惺忪要衝出房間走一大段路痾夜尿,就發現住宿的錢不是說慳就慳,畢竟港女也不是浪得虛名。

去紐約前經過精挑細選,本來以為在Lower Manhattan的金融區訂了一間CP值頗高的酒店,到步才發現被酒店旁邊那棟大廈邪住,每次經過十字路口,抬頭望見大大個J.P.Morgan入口,心裡不禁黯然。我站在馬路上的交叉點忍不住又再憶起那一次的人生交叉點,然後一步一步遠離,若無其事地展開新一天的旅程。

為了貼地感受華爾街實況,揭開狼人真面目,旅伴和我刻意在交易日的早上繁忙時段由金融區出發,一手捧著熱咖啡,一手挽著bagel走到華爾街朝聖,沿路眼見金融才俊西裝骨骨,OL踩著高踭鞋扭著蜜臀揮灑自如,那種New Yorker的自信簡直羨煞旁人,精英中的精英果然散發著一種氣質,像是長期有光環包圍全身,去到邊都發光發亮。身穿牛記笠記[1]向著華爾街進發的我,又憑什麼發夢擠身這個行列,與華爾街精英共事呢?

記得兩年前的某天,身穿little black dress的我,流著長長的黑髮,梳著典型竹昇[2]的一九分界,踩著幾吋高踭鞋,踏入中環的甲級寫字樓,坐在摩天大廈眺望維港景緻,chok[3]著美式口音的英文面試,到今日仍然覺得

不行的旅行

「OMG⋯I was like... I can't believe I made it...it was literally, the toughest interview⋯」。見工橫跨香港、星加坡和美國，過五關斬六將，從電話收到offer 那刻，我努力地掩蓋著內心無比的興奮，收線[4]後，仍然不太敢相信這事實，一身飄飄然。

一般人未必能體會那種激動的心情，曾經作為銀行MT（見習管理生），被視為前途一片光明，但從來都不敢自稱banker，因為一山還有一山高，在金融界打滾的人潛意識都知道，銀行業從裡到外都是弱肉強食的世界。一個人的身分，或者簡單一點，是作為人類要被識別，絕非憑個性、素養或者內涵，當然也有可能是「你的樣子如何，你的日子也如何[5]」，但作為一般的凡夫俗子，公司的牌頭就幾乎主宰了身分和地位的大半、其次取決於職位和部門，幾個因素加起來在同行心目中就自然有個價，就好似名牌都有分檔次一樣，在國際大投行工作的就算得上是最高檔的名牌，頂尖的精英，中資或本地銀行自然比下去，即使在國際投行負責斟茶遞水洗廁所，也都自豪過人。

一想起跳槽後，遇上任何人問起做邊間行都可以滿懷自信，鏗鏘有力地答「JP」，不禁嘴角向上翹。一般任職於投行的，不是家底豐厚又有人脈的富二代，就是浸過鹹水[6]的竹昇，或者讀神科[7]出身的尖子，偏偏我這土炮港女，出身於本地大學平民到不能再平民的學系，first hon落空，master未讀，畢業後清一色在本地企業打工，沒有父幹更沒有人脈關係可以拉攏。

論技能，做媽劇停[8]的人一街都是，連基本agency的經驗都沒有，比我條件好的大有人在，大概是連HR都百思不得其解，怕我「唔知訂[9]」就忍不住告訴我是非典型奇芭的事實，究竟憑什麼誤打誤撞，令女上司們覺得

我可以擠身「人生勝利組」呢？是一眼就看穿我奴性重，不愛夜蒲，可以一打十密密做嗎？抑或事前的起底令我略懂他們的口味，成功投其所好，就憑偽裝技倆符碌地高攀了？無論是基於什麼原因都好，也無須深究了，反正信已遞，約已簽。

沒想到我卻一直忐忑不安，強烈的不安感來自憂慮，我很懷疑奇芭如我，平日不落老蘭[10]，又滴酒不沾，只愛宅在家中，究竟是要如何融入一群狼人過「中產」的生活呢？人人說六點收工[11]，唔通真係人人都六點收工？與時間競賽的日子不是未試過，黃昏六點才正式開工是平常事，今次還加了新玩法，夜晚十點開始跟美國con call，然後不足十二小時又準時出現在公司，眼見未來同事連放lunch都要見我這嘍囉，其實有錢還有時間和命享嗎？搭business class隻身飛印度菲律賓出trip，又有什麼好曬呢？我越想越不對勁，不過，為錢途和前途，也想不了太多，一於趁年輕去闖下。

食得鹹魚就要抵得渴[12]，果然，未出發先返工[13]，人未正式報到，就已經收到未來老細[14]的指示，她已經急不及待為我安排好一切，確保我可以盡快被差遣。那份難得最近才擺脫了的壓迫感好像又找上門來，剛習慣了

放工就拋低工作的我失眠了好幾天，沒想到未正式踏入公司，反應就已經如此強烈，對工作居然也沒有半點期待。騙得了人，騙不了自己，我開始思考為何要自討苦吃？明明就習慣説港式英語，明明就喜歡穿休閒服返工，明明就好享受私人時間，究竟是什麼驅使我要裝著説半唐番式的英語，迫自己換套裝上班，然後明知無了期OT都飛撲去呢？被名利沖昏了頭腦的我大概是有點瘋狂，愛因斯坦曾經説過，瘋狂的定義就是一直重複相同的事情，卻期待不同的結果。是的，我説自己有點瘋狂，因為今次其實並不是第一次取得投行的offer，類似的掙扎在剛畢業的時候已經發生過。

想當年，畢業打第一份工就是大台的廉價公關，為了打這份工，我放棄了投身人工高超過一半的Goldman Sachs。大學搏盡無非為打造神級CV，令畢業有多一點選擇，然而對於有選擇困難症的人來説，原來有選擇也是一件不可多得的煩事。明明「GS」兩字就已經贏人九條街，糾結了一陣，最終一句「忠於興趣」，就灑脱地拒絕了那Recruiter，別人笑我太瘋癲。年少無知，「興趣」果然不可以當飯食，結果在大台只是打拼了八個月，畢竟在一間與時代脱節的公司工作太久也沒什麼進步的空間，於是極速掌握了要學的技能就劈炮[15]了。

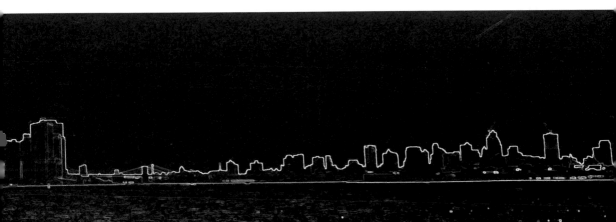

一啖砂糖一啖屎[16]，在人生倒楣之際，老天爺讓我考上了銀行的MT。未學行先學跑，而且要跑到識飛是MT教我的事，絕不是空口說白話，未做過Teller就先做Teller的Supervisor，處理更大碼的交易，未開始跑數就先被摔數，對數字未有概念就先參與投資8位數字的Project，未做膠層[17]就先學做Strategy，一句「因為你係MT嘛」，須知道MT不是人啊，「High Flyer」就是要將不可能變成可能。

一路走來有苦自己知，最終也算是泊得好碼頭[18]，明明可以扶搖直上，毫無懸念直升經理，卻又自覺有點迷失。明明當年初出茅廬想學媽劇停，想不到踏上了MT這條不歸路後，好像越走越遠。我不甘心，一旦成為Business Manager，往後也不易轉彎重回正軌，從事媽劇停工作。再者，升職也無需急於一時，於是把心一橫，放棄經理的銜頭，在天時地利人和的配合下，平薪調職到媽劇停工作，職銜和金錢是犧牲了，卻賺得相關經驗及老細的賞識和認同。

時間長了，看著身邊的同輩平步青雲，開始嶄露頭角，各有一番作為，我卻散漫地在原地踏步，面對樽頸，不禁有點患得患失。剛巧有機會找上門，一時迷失之下，我決心跳槽，用新工作，新環境，新人工去麻醉自己，掩蓋心裡的不安。雖然某程度上此方法算是成功，而且也有意想不到的收穫，但其實一切都只不過是逃避。

逃避是無止境的，慢慢在新的崗位時間長了，面對工作上各種不如意，現狀改變不了而產生無力感，再次感到迷失，企圖用同一心態離開，於是又再應徵投行來證明自己的價值。今次失而復得可能也源於多年前不甘為興趣而放棄進投行的機會，但當機會嚟喇飛雲[19]，我居然踏了出去又卻步。我很討厭這個我，一個怕做決定，拖泥帶水，不夠果斷，畏首畏

尾的懦夫。是外界的聲音讓我要記住人望高處，不進則退，令我忘記了聆聽自己的聲音；是紙醉金迷的世界擴大了我的虛榮心，被名利沖昏了頭腦；是懦弱的本性令我未能突破樽頸，一次又一次逃避。

我甚至已經分不清究竟放棄眼前的工作，轉到投行是懦弱逃避的表現，還是放棄踏入充滿挑戰的投行，留守現職才是懦弱逃避的表現？看似進退兩難，面對未知和選擇，有時也想得太多，欠缺了衝動，敗給了經驗，同時也被太多雜訊干擾，忽略了初心，忘記了對自己誠實。無法面對自我其實最痛楚，究竟我的初心在哪裡呢？可笑，我不太清楚，但只能肯定投行不曾出現過，就連投行的業務我都沒有去積極了解，為什麼要為了證明自己的價值而跟隊成為「人上人」，放棄自己嚮往的生活呢？做投行又如何，宏觀世界，中環遍地狼人，殺入華爾街更上一層樓又如何？人生苦短，隨心做自己，開心過每一天不是更重要嗎？

大概已經忘記了多年前那撇脫，我掙扎了好久，直至上班前一天，拖無可拖，我終於決定撤回辭職的決定，然後鼓起勇氣reject投行的offer，我知道it's now or never，即使被永久blacklist也不重要了。大概未來上司也從未遇過如此不正路的事情，她知道後激動得有如開機關槍一樣，連環發炮，費盡唇舌令我留低，跟她的情深對話期間，我感覺到她是個事事不容有失，對於事情超出她控制範圍就會抓狂的上司，作為罪人的我其實沒有資格說太多，但那一刻她的反應令我更覺得自己不踏上成摩之路的決定是對的，對她，我有萬二分的歉意，無疑是我處理得太差，但再樣衰也要懸崖勒馬，因為我知道今次不成「摩」，便成「人」。

記得中學讀Econ學過所有抉擇都會有opportunity cost，即是以the highest value option forgone作為代價，然後大學又刻意選修過名為Choices in life

的課程，然而，理論讀過了，卻沒有令有選擇困難症的我在人生交叉點上變得更精明，反而令我更猶豫不決，更怕做每一個決定，甚至更傾向拖延逃避，這弱點時至今日也毫無改善，是本性難移抑或人越大就越輸不起？

究竟我一次又一次拒絕踏入投行是忠於自己，一直都無變，抑或其實是心境漸老，不想再面對改變呢？小時候捉到魚就要設法把它帶回家，人大了，釣到魚卻又嫌太小，於是把它放生，到終於難得地釣到大魚，最終卻又親手送它回到大海，可能錯過了一次機會，也不會再釣到大魚。不過，難道放棄了眼前的工作，就肯定不會後悔嗎？如果當日劈炮到投行，可能今日連飯碗都不保，也不會有心力寫書，一切都是Give and Take。話雖如此，這刻的我也不確定將來會否心有不甘，也不敢説自己一定不會後悔，只知道既然對著眼前的選擇會有那麼多猶豫和顧慮，這個選擇就不是理想的，所以決定放棄，隨心所欲地留在原地尋覓初心，可能是那一刻更需要的。

在華爾街上，旅伴和我走到鼎鼎大名的New York Stock Exchange，發現那裡除了守衛格外深嚴之外，也不過是大廈一棟。反而，視覺向下才望見嬌小不起眼，卻十分吸睛的Fearless Girl，有時不一定要人望高處才有收穫，只顧抬頭仰望New York Stock Exchange望到頸都長，倒頭來也不外如是，反而可能會錯過看似細小，卻象徵更強大，更有故事的Fearless Girl。其實，不一定所有事情都要鬥高鬥大爭勝，充大頭鬼也未免太低裝，況且要成為焦點也不一定靠大。不是華爾街狼人有什麼才值得注意，他們沒有的東西可能也很值得關心。

看著反光的Fearless Girl，
我跟自己說，要對自己
的眼光有信心才可在人生
無數大大小小的交易上投
資得宜，股神巴菲特也有
蝕的時候，蝕是必然的事
情，學會止蝕，從得失中
變得更強大是更重要的目
標。與Fearless Girl站在
同一陣線的我，向前大踏
步，逆方向離開華爾街，
走到下一個目的地。

人最大的敵人其實是自
己，要贏人先要贏自己，
不是只有少年才需要聽聽
心底夢，你呢，今日聽咗
未？

#fearlessgal　#華爾街上的烈女　#驅魔人　#小無畏
#我走在每天必須面對的分岔路　#向左_向右_向前看　#樽頸　#圖文不符
#ihaveanamericandream　#人冇理想同條鹹魚有咩分別
#返工係愛定係責任

1　「牛記笠記」常用作「牛仔衫褲」。

2　「竹昇」意指外國出生或者回流的華人。

3　「chok」，是潮語，有裝酷，耍帥的意思。

4　「收線」等於掛電話。

5　「你的樣子如何，你的日子也如何」是網路金句，常以此句來慨嘆現實世界中以貌取人，著重外表的風氣。

6　「浸過鹹水」是曾經在海外生活或者留學的意思。

7　「神科」即大學某些公認為神級的學科，如Global Business、Quantitative Finance等，收生要求較高，學生多為尖子或高材生。

8　在廣東話，「媽劇停」是「Marketing」的諧音。

9　「唔知訂」有去錯地方，不知好歹的意思。

10　「老蘭」指香港的蘭桂坊，是夜店的聚腳點，「不落老蘭」意指不去夜店。

11　此句出自阿嬌的金句「個個都拍拖，唔通個個都想拍拖咩」，句式被應用到不同場合。意思是人人都說六點下班，難道所有人都真的是六點下班嗎？

12　「食得鹹魚就要抵得渴」是句諺語，意思吃鹹魚之前就應該做好會渴的心理準備，形容做某件事要同時做好承受負面後果的預算。

13　「返工」是上班的意思。

14　「老細」是「老闆」的意思。

15　「劈炮」是辭職的意思。

16　「一啖砂糖一啖屎」是諺語，形容時好時壞，遇到一件好事，同時又面對一件壞事。

17　「膠層」即「高層」，「高」的普通話讀音跟「膠」的廣東話發音一樣，而「膠」其實有愚昧的意思。

18　「泊得好碼頭」原意是找到好歸宿的意思，在這裡指遇到好老闆。

19　「機會嚟喇飛雲」源自一套日本動漫中，香港配音動畫的一句對白。被網民形容出現一些難得的機會，應好好把握。

轉角遇到人生教練

物理好難明之差啲放棄揮手區[1]，碌過[2]請進！

什麼$E = mc^2$，$E = mc\Delta T$，通通都是火星文，由讀之前到讀完都不曾理解過，唯獨只有一條物理定律至今仍然念念不忘，那就是慣性定律，說的是所有事物都有惰性，也就是會慣性處於穩定的狀態，只有給力才會令事物改變方向，這，是人生道理多過物理。

一旦習慣成自然，大腦就長期生銹，在沒有意識下自動完成反射動作一樣，久而久之，盲目地不斷重覆，跳不出穩定的框框，人也不再進步，所以，世上沒有好習慣，只有壞習慣。

去旅行的好處之一，就是訓練自己撇低習慣，離開comfort zone去適應新環境，認識新事物，開拓新領域。即使再鵪鶉[3]，再不願動，每次旅行都會強迫自己作出小小的新嘗試。就這樣我帶著小無畏的精神，繼在瑞士硬闖少女峰後，再挑戰登上雪山初嘗滑雪和跳滑翔傘兩項極限運動，總算成功，但再也沒有挑戰第二次的膽量，就好似以前碌過物理，以後就勿理一樣，見過鬼是會怕黑的。一直都不理解為什麼滑雪會經常被視為旅遊保的不保事項，直到去過瑞士，我終於明白了。

人生第一次正式學習滑雪就在Zermatt，不是日韓，是Zermatt，重要的事情要說兩次，說出來都自信過人。繼上一次在韓國自學滑雪翻滾過後，今次的入門雞精班[4]全程由教練一對二指導，誰不知當日才知道原來那場

地的斜道偏偏是初學者之中難度最高的，我馬上怯一怯，明明四肢笨拙過人，體力差過人，膽又細過人，卻一來就越級挑戰，高攀得起嗎？只怪自己一時衝動，沒有做足資料搜集就報名了。

上課前，旅伴和我從山腳舉著千斤重的gear，不斷坐吊車又越過高山又越過谷。留意返，Zermatt是個沒有外來車輛的環保城市，除了為數不多的電動車之外，就只能靠自己雙腿走動，全程穿著滑雪靴的我如企鵝一樣，笨手笨腳地在雪地上步走，期間更連人帶膊上的雪橇來一個360度轉身，誰不知身後那大隻佬脆弱得不堪一擊，他一邊的肩頸被我的雪橇打橫批倒，幸好轉身慢，沒有釀成流血事件。想起要在野外暴曬四個小時學滑雪，四肢乏力的我尚未到達目的地就已經想投降了，走了一大段路，終於見到教練。

上課時正值橫風大雪，一穿上雪橇，身軀就自動往後移，連企穩都有困難，最恐怖的是滑雪場地四周是沒有安全網的，只有疏落得可憐的矮小木柱。為怕滾下斜坡跌死，四肢靈活性奇低的我努力跟隨教練的指導，一步一步在平地龜速學行，花了很長的時間才掌握到丁點技巧，比機器更生硬的我在教練監督下嘗試滑落那目測有超過45度的斜坡，奇慢但總算成功，自覺learning curve跟那山坡一樣steep。

問題來了，每次重滑都必需搭旁邊的電梯上斜回到起點，而電梯是需要在斜坡上轉彎才可到達的，一步一驚心的我慢慢滑到轉角位，突然有下沉的跡象，於是停在轉角位反地心吸力地奮身與雪地抗衡，同時向教練發出SOS。教練竟然敷衍地叫我繼續向前行，大概是沒遇過比我更廢的學生吧。要知道假如當時一失足，就會滾下深不見底的山崖，隨時造成骨牌效應殃及池魚，說不緊張也是騙人的。

眼見我掙扎了一陣仍然停滯不前，教練終於出手，原來竅門是不要在轉彎位置停留或慢行，手腳一定要快，力量要夠大才可以轉向跨過。明顯地，轉不了彎的是腦袋，而不是雙腿，平日往往遇到不肯定的情況就自然停下來不敢動，沒想到其實可能是更危險的，明明改變方向就要給力去衝，原封不動，一成不變只會坐以待斃，要自救就要先加大力度求變，有時不願意踏出一步去承受任何風險反而可能是最危險，我是知道的，卻因為眼前的恐懼而不敢走過去，都怪自己物理差，一定係，除非唔係[5]。

在零下的天氣任風吹雪打已經超過三個小時，手腳都殭了，但當地人卻好像越滑越起勁，連幾歲的小朋友都樂此不疲，被大人夾住手臂輕鬆滑行，我卻已經體力透支了。對我來説，完全沒有倒地也沒有損傷，又成功滑過雪已經算是超額完成，是時候休息了，轉彎還是有機會才惡補吧。

至於另一項高危項目滑翔傘呢，由於天氣不佳，原定的預約被取消了，只能改變原定計劃然後等運到，祈求第二日的天氣好轉可後補。果然希望在明天，一早收到通知滑翔傘可以飛行後，我們就在Interlaken整裝待發，在上山的車程上分配好一對一的教練，聽好注意事項，簽好生死狀就出發了。

下車後，包到糉一樣的我孭著[6]gear，跟隨教練走了一段斜路上山，誰不知我由第一組落車不斷墮後而變成了最後一組到達山上，教練和我由本身平排起行，到最後變成了一頭一尾的隊型。其實，身為男士的教練除了叫我加速之外，他有否考慮過幫忙減重呢，雖然不是很重，但一大早在雪地行斜路對我來説，本來就已經是一個創舉，加速不是不為，而是

不能，望著教練的身影越走越遠，狂催也無能為力，終於我喘著氣報到了，由於gear在我背上，教練也只好等我到著才開始準備工夫，順理成章我成了最後一個飛行者。

在山上除了等運到和望住其他參加者起飛，基本上是沒什麼可以做的，雖然我不畏高，但想起要在面前那座海拔很多米的雪山一躍而下，倒是有點渭底[7]。此時，旅伴和他的教練已經準備就緒了，一如所料，旅伴無比興奮，看著他們跑下山的背影逐漸變小，慢慢雙腳離地飛起，然後滑翔傘又突然沉降，擦過地面，幾秒後又在半空中飛起來了，是太重了嗎？看得我呆了。

見到危險示範後，我急急回到教練身邊，在我前面的參加者都由其他教練互相幫忙下，一個接一個出發了，怎料我的教練遲遲未動身，他的眼睛幾乎沒有離開過那支測風向的旗仔，只說要等風起了就馬上起行，還吩咐我聽從他的指令，在他一聲號令下就要一直向前狂跑。我只能夠盡力而為，希望不會成為累事的種子。在這白濛濛的雪地上只剩下教練和我，等了又等，大風吹得我不寒而慄，一切只怪行得太慢，唯有阿Q地跟自己說可以克服的，總之幻想被老虎追就對了。

突然救星出現了，另一團參加者到著，教練和剛到著的另一位教練說了幾句，他就馬上過來幫拖[8]。不一會兒，教練發號司令了，我站在教練的身前一起出發，我的媽呀，那是人可以行走的斜路嗎，目測斜度有接近80度，而且地上蓋滿比棉胎[9]還厚的積雪，跑？不是吧，原來疲於奔命就是形容這種感覺，要豁出去奔命來保命，疲勞的程度一點都沒誇張。輸人也不要輸陣，我一邊衝落山一邊大叫壯膽，幾秒之後，雙腳離地了，我感受到教練在背後狂跑，然後有一股強勁的衝力把我向前推，我知道

全因我的完美配合才得以成功起飛,一定係,除非唔係。

總算成功起飛了,但我絲毫不敢放鬆,明明外套連底衫被一併扯起了,讓風直吹入肉也不敢亂動,怕不小心一動會影響教練的操控,只敢僵著身體轉動眼球,俯瞰眼前的景色,有點像灑滿糖霜的巨形格仔餅[10],大大小小的雪山,還有一幅幅農田之間的水源結成冰湖,白濛濛一片的大地在我腳下,心裡不禁高歌「let it go,let it go,can't hold it back anymore」[11],大概在空中盤旋了十五分鐘左右就降落了,離遠看見旅伴在踱步準備迎接我凱旋回歸。在成功著陸那刻,他忍不住問過究竟,我說故事教訓我,有時衝力不夠,移動得太慢反而是致命傷,而且停下來被動地等運到的感覺也夠差了。

兩個挑戰都完成得樣衰過人,但勝在勇敢嘗試過,也總算是堅持完成了,就好似我讀物理一樣,樣衰挨過然後碌過。我說世上的物理也大概如此,要親身試過,撞過板先知自己的斤兩[12]。今天的我長知識了,再不寫人生第一本書,日日等運到,他日可能因為種種原因也沒有機會出版實體書了。即使明知不自量力,KOL無我份,最多做畸OL,既不是名人作家,又不是博客網紅,出書也分明倒錢落海,不過,願賭服輸,輸了日子也一樣照過,還賺到了失敗的經驗和寶貴的人生閱歷,爆冷[13]就不得之了。

人總會FF[14]自己幹一番大事,從此命運得以改寫,卻往往忽略了契機可能來自毫不起眼的小事,有時連自己都沒想到一件小事會成就了將來某件大事,只有盡心盡力做好每件小事,不怕輸,豁出去,人生才有更多可能性。如果太多顧忌,在轉捩點停下來思前想後,然後一直站在原地等運到,自己不給力去動,豈不是又重複犯錯,將瑞士學到的都還給教

練？對於我這種經常過度分析的人，往往就是欠一份衝動。在我眼中沒有什麼懷才不遇，際遇是重要，但認為自己懷才不遇的人更可能是沒有好好面對自己的弱點，人總是怕失敗，而又最易敗給經驗，不輕易作出改變。

其實，要計數的物理，要四肢協調的滑雪，分明是攻擊弱點，我早已預視自己會搞得一塌糊塗，不過也儘管一試吧，也沒有期望讀物理，識滑雪帶來什麼裨益，最多只是技能解鎖[15]，也沒想到多了寫這篇文的題材，反正都是微不足道的一件小事。

Be BOLD

#挑戰逐級上 #challengeaccepted #在晴朗的一天出發 #aimhigh #catchmeifyoucan

#堅離地 #大地在我腳下
#ujumpijump

1 「啲」解作一點點,「差啲」是差點的意思。「揮手區」一詞源自演唱會上某區的觀眾與歌手揮手,後來香港網上討論區不時出現一些「揮手區」,以召集有共鳴的網民,而這裡是找一些認為物理很難明白而差點放棄學習的讀者。

2 「硃過」是「符硃」(英文Fluke的譯音)的意思,也就是靠運氣,誤打誤撞過了關的意思。這裡解為靠運氣,誤打誤撞地及格了。

3 「鵪鶉」的本意是生性膽小的雀鳥,用來形容膽小怕事的人。

4 雞精是濃縮而成的精華,所以「雞精班」是精讀班的意思。

5 「一定係,除非唔係」等於「一定是,除非不是」,是一句潮語,在不確定但又不想失霸氣時用的金句。

6 「孭著」是背著的意思,「gear」是器材的意思。

7 「滑底」形容驚慌,害怕,擔心或事件發生後臨陣退縮,不敢繼續下去的意思。

8 「幫拖」是幫忙的意思。

9 「棉胎」解作厚厚的棉被。

10 「格仔餅」是港式小吃,類似窩夫。

11 此句為近年風靡萬千小孩的迪士尼卡通片《冰雪公主》的主題曲〈Let it go〉之副歌歌詞。

12 「斤兩」除了是重量的量詞,也解作能力。

13 「爆冷」是指冷門或者不被看好的一方出乎意料地成功突圍而出。

14 「FF」的意思是幻想,出處是著名電子遊戲《Final Fantasy》。

15 「技能解鎖」是學習或掌握了新技能的意思。

香港瀑布灣

E. for Entertainment

Expect the unexpected

Experience counts or kills?

Enlightenment

Embrace the process!

Exceed to succeed

Existence is the state of
being alive or being real

Exotic Encounter

Emotional touch

Epiphany

Extradition bill

Extraordinary

Exact7ly

Exploration

Enthusiastic

Equality

Emptiness

Ernest

Edge

Ego

男女混浴是咁的

浸溫泉[1]幾乎成為了每次去日本的指定動作。搏盡[2]了一整天，茶餘飯後浸一浸溫泉，輕輕鬆鬆鄧梓峰[3]，簡直梳乎[4]。

之不過，浸溫泉最掃興的就是十居其九都男女分開，我經常幻想，假如旅伴和我二人成團，分別各自浸溫泉，期間突然地震或者火山爆發那就GG[5]了。在街上裸跑事小，失散事大。正因如此，淆底獸[6]的我一般都會安排有私人風呂的旅館，然而價錢令人肉赤[7]，皆因我從未試過成功地一氣呵成浸溫泉超過十分鐘，每當開始感受到心跳瘋狂加速，頭昏腦漲的感覺就伴隨而來，於是急不及待衝出溫泉冷卻一下，無他，只怪心臟缺乏長期運動鍛鍊。

別府是九州其中一個有名的溫泉鄉。曾經去過不同的日本溫泉地帶，溫泉體驗其實大同小異，別府算是印象較為深刻的。至少提起這個地方，就會想到血地獄，還有滿街蒸氣，遍地冒煙的畫面，好像真的走進了傳說中的地獄一樣，隨時有妖魔鬼怪彈出來嚇人一跳。

孤陋寡聞的我起初以為著名的血地獄，海地獄都是可浸的溫泉，後來證實了只可遠觀，不可褻玩，唯有另覓新玩意，一嘗砂湯。砂湯最吸引之處是容許男女一起同時參與，而且是穿著浴衣進行的，完全省卻了尷尬的煩惱。試想像在沙灘上，由專人為你在整個身體堆上經過地熱的黑沙，任地深吸力將黑沙壓在人體大概二十分鐘，一邊爆汗，一邊面向無敵大海景享受海風輕輕拂面，簡直爽歪歪。誰不知到達砂湯場時已打

烊，唯有明天請早。

由於臨時節目調動，我馬上搜尋附近的溫泉，距離不遠就有個歷史悠久的天然泥漿浴，看似不俗，不過是比較罕見的男女混浴。恕我大鄉里，素來以為在日本溫泉男女分開是基本，原來非也。我猶豫了很久，畢竟玉帛相見，難免有點害羞，不過身處外地，既然不認識任何人，就豁出去了。

這是我和旅伴第一次一起混浴。在毫無經驗之下，我們隨便說了在溫泉池等，就各自衝入去更衣室沐浴脫衣。更衣室內有地圖，可惜我看不懂日文，讀圖能力又差勁，看了等於沒看，於是帶著一條小毛巾，一絲不掛走出去了。

大鑊了[8]！地方居然比想像中大得多，四周煙霧瀰漫，一邊行一邊經過多個不知有何分別的溫泉，只記得之前見過參考的相片，男女混浴的地方是露天的，就朝露天方向行吧。在野外赤裸行走的感覺有點不安，本能反應就將小毛巾攤開遮蓋身體，期間經過一條有蓋行人通道，發現旁邊有一道門，聽到門後有人在談話的聲音，便猜想這可能是通往露天溫泉的不二法門，門上的日文完全沒有漢字，猜也猜不了，於是隨手就打開了門。隨意門一開，只見一名赤裸的大叔，叔叔不行了，他見到我大嚇一跳，為免被我視覺強姦或者強姦我的視覺，他馬上用毛巾遮蔽重要部位，如變態女色魔的我即時紅都面哂[9]，火速把門關上。當時我在無知地想，亂入是我不對，但不是說男女混浴嗎，有必要那麼驚訝嗎，難道混浴的男女不是光脫脫共處一池嗎？

天啊，究竟那個混浴溫泉在哪，感覺自己在參演《人在野》[10]，荒山野嶺

捉迷藏實在不好玩。剛巧有一對母女和婆婆經過，似乎她們是一家人約好浸溫泉的，決定跟她們走，終於離遠看見一班裸男在池邊曬日光浴，完全旁若無人，好像天體營一樣，有點壯觀，感覺就似返回原始，身處另一個世界。

我其實不想正視，但奈何為了尋找旅伴的蹤影，只能像癡漢偷窺一樣，閃閃縮縮地掃視，距離有點遠，朦朦朧朧好像不見他的身影。於是跟隨當地人走進隱蔽的溫泉入口，慢慢步入泥漿溫泉池。腳踏進溫泉之後，每一步都踩到軟塌塌的泥漿，泥漿完全滲入了每一條腳趾罅[11]。溫泉水呈乳白色，所以人頭以下的一切都看不見，為了證實腳下踩的是泥漿而不是什麼，我用手撈起一篤，果然是灰色的泥漿，隨機附送樹葉一片和那誰的一條毛。我把這些天然泥漿塗滿上半身，繼續邁向疑似男女交匯點。原來池中間有條粗大的巨型木幹分隔開男女兩邊，不能互相跨越。此時我才恍然大悟，所謂男女混浴的玩法可以是男女共處一池，但只能相見不能相通，連入口也是男女分開的，加上有乳白色的溫泉水作保護色，赤裸的身軀被遮蓋得完美無暇，既明目張膽，但又若隱若現，真意想不到。

環顧四周，仍然看不到旅伴，唯有在陣陣濃烈的硫磺味之中靜待，硫磺的氣味時而似變壞了的雞蛋所發出的腐爛味，時而又似臭屁味。就在這環境下我天然呆等，慢慢開始熱血沸騰，心裡不禁焦急起來，等到天色也沉了，仍不見旅伴，巢哂皮[12]之餘更是謝哂皮[13]，心想旅伴不會已經回酒店了罷？我第一次感受到即使四周風平浪靜，但當不帶錢財，不穿衣服，不知時間，不能溝通，單獨身處在不熟悉的環境是會有種莫名的恐懼。失去了平日視為理所當然的事真的十分可怕，原來安全感是靠平日的一事一物積少成多而慢慢建立起來的。也許是我心理質素低，但那刻

我確實有想回家的感覺，於是九秒九衝出溫泉池，馬上逃離這個不屬於我的世界。

走出更衣室，看見旅伴安坐在大堂等候，與他四目交投的一剎那，終於釋懷了，有種久別重逢的感覺，覺得剛才好像發了一場惡夢，從地府回到別府，如夢初醒一樣。旅伴聲稱等了我很久，責怪我愚笨，又埋怨我們欠默契，總之表示枯燥。混帳，我又何嘗不是呢，他不見即散，我卻不見不散，但這一切都已經不重要了。

我有一點想不通，明明平日在日本街上幾乎連男女拖手或者搭膊頭等親密行為都甚少見，居然又會讓男女一起赤裸裸混浴，難道保守和抑壓到了盡頭就是無限開放？應該係，除非唔係[14]。

個人去日本的次數的確多過回鄉，但看來對日本的認識仍然太皮毛，今次又長知識了，所以說日本百去不厭㗎呢。

砂浴@別府海浜砂湯
#海邊走走 　#男女一起的多人運動 　#爆汗系列 　#免費無限追加足浴

划艇@高千穗峽瀑布
#坐埋同一條船 　#坐艇都有好風景
#rowrowrowyourboat
#merrilymerrilymerrily
#life_isbut_a_dream

高千穗小火車
#舊幹線 　#火車捐山窿
#車長中途吹泡泡有驚喜
#迷你火車巧打耳

血地獄
#我不入地獄誰入地獄 #真鐵粉

別府蒸氣海鮮@ 獄蒸し工房 鉄輪

#自己海鮮自己蒸　　#空肚食早餐
#小心oldseafood　　#有圖冇真相

摘巨鋒@福崗久留米出田綠果園
#吃得到的葡萄是甜的
#不用葡萄　#自己巨鋒自己摘

一般的溫泉

1　「浸溫泉」是泡溫泉的粵語。

2　「搏盡」是費盡全力，全力以赴的意思。

3　鄧梓峰是一名香港藝員，「輕輕鬆鬆鄧梓峰」是由網民創作的押韻短句，形
　　容心情輕鬆。

4　「梳乎」是「舒服」或「soft」的諧音，在這裡是舒服的意思。

5　「GG」的意思是完蛋了，其實是Good Game的簡寫。GG起源於電競比賽，
　　敗方在對戰後就會打出「GG」，稱讚對方「Good Game」。

6　「涫底獸」形容膽小，臨陣退縮的人。

7　「肉赤」是心疼的意思。

8　「大鑊」是惹上麻煩的意思。

9　「紅都面晒」其實是「面都紅晒」的意思，當初把話說錯了，後來卻成為了
　　潮語。

10　《人在野》是美國的野外求生真人騷。

11　「腳趾罅」是指腳趾之間的空隙。

12　「巢」是「皺」的意思，「巢晒皮」解作表皮皺了。

13　「謝晒皮」即心理和生理上都非常疲累的意思。

14　「應該係，除非唔係」等於「應該是，除非不是」，是一句潮語，在不確定
　　但又不想失霸氣時用的答覆。

慢慢Jay

2013年9月·台中、台南

我＿＿＿＿＿＿＿＿，就發生在十年難得一遇的超強颱風正在懸掛期間，＿＿＿＿＿＿和＿＿＿＿＿＿＿＿搭飛機前往台中，來了一趟＿＿＿＿＿＿＿＿的旅行。＿＿＿＿＿＿＿＿＿大部分其他航班都被取消，然而我們卻成功登機＿＿＿＿＿＿＿。在短短兩小時內的航程，飛機多次遇上氣流，感覺好像被＿＿＿＿＿＿＿吹襲一樣，左搖右晃，陷入了危險邊緣。＿＿＿＿＿＿＿＿＿，只見一片朦朧，我緊張得＿＿＿＿＿＿＿，好不容易終於到達目的地。

在超強颱風吹襲下，我們不得不放棄遊覽高美濕地看＿＿＿＿＿＿＿，清境農場也關了，大概不是羊仔就是＿＿＿＿＿＿＿罷，唯有隨便在街上的酒館吃＿＿＿＿＿＿＿。天啊，七里香的名字很美，但在這次去台灣以前，旅伴和我並不知道七里香原來是雞屁股，他不在乎，我卻想哭，簡直是敗給＿＿＿＿＿＿＿。於是，我決定到宮原眼科吃一口冰淇淋來融化我的傷心，那裡沒有賣＿＿＿＿＿＿＿，卻有多種以茶為主的口味，我隨便點了一個，管它是＿＿＿＿＿＿＿，還是陸羽泡的茶，反正＿＿＿＿＿＿＿＿＿＿，超好吃。

爺爺泡的茶	七里香	牛仔很忙	開不了口	楓
陽光宅男	明明就	白色風車	可愛女人	我的地盤
手寫的從前	龍捲風	千里之外	土耳其冰淇淋	Mojito
黑色幽默	說走就走	一路向北	甜甜的	蘭亭序

#填充題要填一個刪一個　　#抄答案嘅右邊請

慢慢Jay

我手寫的從前，就發生在十年難得一遇的超強颱風正在懸掛期間，陽光宅男和可愛女人搭飛機前往台中，來了一趟説走就走的旅行。明明就大部分其他航班都被取消，然而我們卻成功登機一路向北。在短短兩小時內的航程，飛機多次遇上氣流，感覺好像被龍捲風吹襲一樣，左搖右晃，陷入了危險邊緣。千里之外，只見一片朦朧，我緊張得開不了口，好不容易終於到達目的地。

在超強颱風吹襲下，我們不得不放棄遊覽高美濕地看白色風車，清境農場也關了，大概不是羊仔就是牛仔很忙罷，唯有隨便在街上的酒館吃七里香。天啊，七里香的名字很美，但在這次去台灣以前，旅伴和我並不知道七里香原來是雞屁股，他不在乎，我卻想哭，簡直是敗給黑色幽默。於是，我決定到宮原眼科吃一口冰淇淋來融化我的傷心，那裡沒有賣土耳其冰淇淋，卻有多種以茶為主的口味，我隨便點了一個，管它是爺爺泡的茶，還是陸羽泡的茶，反正甜甜的，超好吃。

日月潭

宮原眼科的冰淇淋

不駕車的男人＿＿＿＿＿＿＿，旅伴在前往阿里山的公路上幻想自己在秋名山，一直想＿＿＿＿＿＿＿，誰知道當天煙霧瀰漫，他只好＿＿＿＿＿＿＿＿，像＿＿＿＿＿＿＿一樣在路上一步一步往上爬。＿＿＿＿＿＿＿的他居然沒看見告示，硬闖了禁區，我馬上叫他＿＿＿＿，後來發現原來酒店已經安排了專車接送我們，可能是害怕我們搞砸一切。忽然，我們＿＿＿＿＿＿，唯有留在酒店聊天等待＿＿＿＿＿＿＿，開心與不開心一一細數著，誰知道旅伴還沒有＿＿＿＿＿＿＿，就已經把我的話當成＿＿＿＿＿＿＿＿，我試著讓故事繼續，可他秒速睡著了。我心想，到底要如何才能＿＿＿＿＿＿初戀的時光，還是算了，＿＿＿＿＿＿＿。

＿＿＿＿＿＿＿，旅伴醒來後我問他：「怎麼了？你累了？」，他說有點生病，公公他偏頭痛。既然我們沒有＿＿＿＿＿＿＿，我也懶得追查他不舒服是否＿＿＿＿＿＿＿，反正天已黑了。接著，我們在房間一邊聽著蕭邦的＿＿＿＿＿＿＿，一邊泡溫泉，期待著＿＿＿＿＿＿＿。下雨的天氣特別寒冷，冷得肚子餓起來，於是旅伴和我穿著＿＿＿＿＿＿＿，在黑夜中走到山裡頭一家像＿＿＿＿＿＿＿的食店吃火鍋。

蝸牛	回到過去	暗號	藉口	聽見下雨的聲音
夜曲	雨下一整晚	退後	不愛我就拉倒	紅塵客棧
飄移	蒲公英的約定	不該	黑色毛衣	星晴
算什麼男人	床邊故事	聽媽媽的話	晴天	給我一首歌的時間

不駕車的男人算什麼男人，旅伴在前往阿里山的公路上幻想自己在秋名山，一直想飄移，誰知道當天煙霧瀰漫，他只好聽媽媽的話，像蝸牛一樣在路上一步一步往上爬。不該的他居然沒看見告示，硬闖了禁區，我馬上叫他退後，後來發現原來酒店已經安排了專車接送我們，可能是害怕我們搞砸一切。忽然，我們聽見下雨的聲音，唯有留在酒店聊天等待晴天，開心與不開心一一細數著，誰知道旅伴還沒有給我一首歌的時間，就已經把我的話當成床邊故事，我試著讓故事繼續，可他秒速睡著了。我心想，到底要如何才能回到過去初戀的時光，還是算了，不愛我就拉倒。

雨下一整晚，旅伴醒來後我問他：「怎麼了？你累了？」，他說有點生病，公公他偏頭痛。既然我們沒有蒲公英的約定，我也懶得追查他不舒服是否藉口，反正天已黑了。接著，我們在房間一邊聽著蕭邦的夜曲，一邊泡溫泉，期待著星晴。下雨的天氣特別寒冷，冷得肚子餓起來，於是旅伴和我穿著黑色毛衣，在黑夜中走到山裡頭一家像紅塵客棧的食店吃火鍋。

#誰時時濛查查濛查查

第二天，天還沒亮，我們便登上阿里山的山頂看日出雲海，站在旁邊是一對＿＿＿＿＿＿的夫婦，在日月同輝下，婦人跟老公說她冷了，想要愛的抱抱，想不到大叔公然拒絕了，雖然口裡說不，身體卻很誠實[1]，他刻意在這＿＿＿＿＿＿上站得很靠近婦人，這不就是普羅大眾追求同偕共老的＿＿＿＿＿＿嗎？忽然間，開始日出了，可是說好的雲海呢？好像沒出現得很明顯，其實，連超人也不會飛，雲海可能也是個傳言而已，只能說我輸了，正當打算完美放棄，天上卻出現了＿＿＿＿＿＿，哎喲，不錯！

我們下山起程到墾丁，旅伴加速狂飆，我說不要，開了車大概三個多小時，時間算是比＿＿＿＿＿＿短，沿路沒有看見想像中的＿＿＿＿＿＿＿。幸好我在墾丁天氣晴，讓我們乘著陽光出海到後壁湖浮潛，雖然沒有＿＿＿＿＿＿，但卻有美麗的＿＿＿＿＿＿，離開前我們還在海灘上＿＿＿＿＿＿。黃昏時分，到了位於關山一家沒有賣＿＿＿＿＿＿的咖啡店＿＿＿＿＿＿地欣賞日落，我們站在＿＿＿＿＿＿拍照，記下夕陽落下的畫面，再微笑瀏覽手機裡的浪漫。墾丁大街的夜市像＿＿＿＿＿＿，有滿街小吃，有玩遊戲的，也有賣＿＿＿＿＿＿的，我買了比＿＿＿＿＿＿還香的洋蔥特產。深夜到了恆春看出火，地上有神祕而燒不盡的花火，空氣中滲透著燒煤氣的味道，旁邊有人在玩煙火，真是燭火在燃燒，有某種情調。

美人魚	彩虹	髮如雪	愛情懸崖	我不配
安靜	雙截棍	簡單愛	半島鐵盒	夜的第七章
屋頂	畫沙	珊瑚海	園遊會	鞋子特大號
最長的電影	稻香	迷迭香	烏克麗麗	妳聽得到

第二天，天還沒亮，我們便登上阿里山的山頂看日出雲海，站在旁邊是一對髮如雪的夫婦，在日月同輝下，婦人跟老公説她冷了，想要愛的抱抱，想不到大叔公然拒絕了，雖然口裡説不，身體卻很誠實[1]，他刻意在這愛情懸崖上站得很靠近婦人，這不就是普羅大眾追求同偕共老的簡單愛嗎？忽然間，開始日出了，可是説好的雲海呢？好像沒出現得很明顯，其實，連超人也不會飛，雲海可能也是個傳言而已，只能説我輸了，正當打算完美放棄，天上卻出現了彩虹，哎喲，不錯！

我們下山起程到墾丁，旅伴加速狂飆，我説不要，開了車大概三個多小時，時間算是比最長的電影短，沿路沒有看見想像中的稻香。幸好我在墾丁天氣晴，讓我們乘著陽光出海到後壁湖浮潛，雖然沒有美人魚，但卻有美麗的珊瑚海，離開前我們還在海灘上畫沙。黃昏時分，到了位於關山一家沒有賣半島鐵盒的咖啡店安靜地欣賞日落，我們站在屋頂拍照，記下夕陽落下的畫面，再微笑瀏覽手機裡的浪漫。墾丁大街的夜市像園遊會，有滿街小吃，有玩遊戲的，也有賣烏克麗麗的，我買了比迷迭香還香的洋蔥特產。深夜到了恆春看出火，地上有神祕而燒不盡的花火，空氣中滲透著燒煤氣的味道，旁邊有人在玩煙火，真是燭火在燃燒，有某種情調。

阿里山@小笠原山觀景台
#阿里山上沒有馬雲
#説好的雲海呢

墾丁嘆茶睇日落
@關山田庄所在
#背多分

墾丁@出火
#咁惹火　#今次擺明玩出火
#好大陣石油氣味傳入我的鼻
#石油氣味似黑松露都幾好索

時間過了，走了，跟墾丁_____，旅程就此結束。我只好期待著以後到英國看_____，去法國撿香榭的落葉，站在布拉格黃昏的廣場看日落……可是還有數之不盡的跨時代歌曲。哇，怎麼塞？

（P.S. 好一個出賣年齡系列，沒有歌，怎敢說心事[2]，講台灣，又怎能不提周董的音樂呢？對不起，我的世界沒有K-pop，只有Canton-pop, Jay-pop 和 hot pot。特此撰文紀念曾經FF[3]自己去台灣巧遇周董，現在再FF他有天會巧遇此文，FF無極限，在如此荒謬的社會生存，FF就是皇道，輕鬆吓啦，香港人。）

說了再見	大笨鐘	告白氣球	布拉格廣場	說好不哭
止戰之殤	菊花台	印第安老斑鳩	超人不會飛	雙刀
擱淺	青花瓷	霍元甲	聽爸爸的話	她的睫毛
煙花易冷	本草綱目	英雄	哪裡都是你	免費教學錄影帶

時間過了，走了，跟墾丁説了再見，旅程就此結束。我只好期待著以後到英國看大笨鐘，去法國撿香榭的落葉，站在布拉格黃昏的廣場看日落……可是還有數之不盡的跨時代歌曲。哇，怎麼塞？

（P.S. 好一個出賣年齡系列，沒有歌，怎敢說心事[2]，講台灣，又怎能不提周董的音樂呢？對不起，我的世界沒有K-pop，只有Canton-pop, Jay-pop和hot pot。特此撰文紀念曾經FF[3]自己去台灣巧遇周董，現在再FF他有天會巧遇此文，FF無極限，在如此荒謬的社會生存，FF就是皇道，輕鬆吓啦，香港人。）

#我在墾丁天氣晴

1   潮語,指言語和行為有矛盾。

2   「沒有歌,怎敢說心事」是香港近代流行曲〈男人KTV〉的歌詞。

3   「FF」的意思是幻想,出處是著名電子遊戲《Final Fantasy》。

跟女僕學貓叫

一人一個男人去東京必到的地方[1]。秋葉原！除非唔係。

秋葉原就似日本版的深水埗，動漫、模型、電子產品、電器，有多無少，有另一半的男人到秋葉原就好像去尋歡遇上了最強小三，走進無底深潭一樣，一去無回頭，食過返尋味[2]。動漫cosplay，我識條鐵[3]麼？基本上，對有「男人天堂」之稱的秋葉原，可謂零興趣，本來只打算陪旅伴到此一遊，而我當然知道他根本不需要我的陪伴，不過，試問最強小三殺到埋身又豈能坐視不理，就算腳跛都會死跟，沒想到竟然如此深刻。

和旅伴逛了一小時多已經超乎了我雙腳的極限，他固然意猶未盡，口裡說不，身體卻很誠實[4]，視線幾乎沒有離開過任何一間經過的店舖。

為了小腿著想，我進擊地提議了一個兩全其美的方案，就是拜訪沿途的女僕café，他當然第一時間舉腳贊成，隨即外貌協會[5]上身，在街上挑了位外表比較「卡歪依」的女僕，還以示尊重問我意見，當時我的腦海響起了那句應境的「真想帶你見見我剛識到的她，我想聽你意見，這算是病吧」[6]，明顯這純粹是禮貌上的知會，我當然也識趣地贊成了。看著女僕那可愛的形象，穿著泡泡短裙，天生敏感的我即時有被挑機[7]的感覺，當時身穿拖到落腳趾尾那款長裙的我當然表現得大方冷靜，因為女人從來都不會明爭，只喜歡暗鬥，於是我們仁便一起上樓了。

未踏進café門口，一排女僕就已經列隊歡迎，營造賓至如歸的感覺。那間女僕café的環境果然跟我想像的頗為類似，以粉紅色為主色，有點少女香閨的夢幻感覺。不出所料，環顧四周，光顧的客人九成為當地男性。女僕帶著甜美的笑容，加上嬌俏的聲線以主人稱呼我們，身為港女的我差點起雞皮，不過男士們聽到應該會十分爽皮，有飄飄然的感覺。

前來招呼的女僕看上去像JK[8]，尚算可勉強以英文溝通，還未來得及感受一下她會否是旅伴心中的理想女僕，她就已經在遞上menu後識趣地不見人影了。餐單上的菜式都被可愛化，不是加了卡通人物元素，就是有如糖果一樣七彩繽紛，如果時光倒流二十年，大概會覺得「巧打耳」[9]，但當天的我實在無言，只是隨便點了卡通蛋包飯，唯有承認我不懂少男心，今次長知識了。

坐在角落有位看不清長相的宅男，一直垂低頭不發一語，直至女僕主動上前走到他身邊跍低，與他交頭接耳，他才漸漸抬起頭來，露出含蓄的笑容。另一邊廂，有幾名疑似上班族的白領男子，熱情奔放地跟女僕走到舞台一起放聲高歌，還伴舞和表演掌上壓，盡情釋放自己，他們陶醉得目中無人的樣子，彷似進入了忘我境界。起初以為女僕café是年輕人玩意，沒想到大叔也會成為常客，場內有一名大叔與女僕全程對坐，促膝談心。女僕果然有一手，對著不同類型的男性，都能配合得天衣無縫，用最合適的相處模式來遷就和滿足他們。單單看著他們，就已經夠我自娛，簡直大開眼界。

過了一會兒，女僕端上蛋包飯，説要為食物施魔法，並邀請我們跟她一起唸咒語，她唸一句，我們跟一句。我實在有點開不了口，但一場來到，總該入鄉隨俗。雖然完全不明白內容，但不知怎的完全被洗腦，直到今天，那一句半句的旋律節奏，仍然嘟嘟上口，「Ari-ga-to，go-za-i-masu，喵喵，喵喵」，簡直是女僕的魔咒。我們重覆唸了好幾遍，還一邊跟她學裝貓的可愛動作，這跟曾經紅遍天下的那首〈學貓叫〉有異曲同工之妙，難怪風靡全球。唸過魔咒，她再請我們閉起雙眼「Make a Wish」。捨得完未，我只想醫肚，幾秒後睜開眼睛，蛋包飯上出現了由女僕用茄汁畫成的小貓。

那一刻，我深深體會到賣萌雖可恥但有用[10]，女僕不只為餓男充飢，更填飽了男士的空虛，慰藉無數寂寞的心靈。可能女僕café就是一個長期讓他們得到認同，或者被視為中心的地方。很想知道如果男士要求餵食，甚至提出其他更親近的要求，女僕究竟會否効勞，而女僕在現實生活中又是否會以同樣的方式與另一半相處呢？女僕根本就是耍心機的「小貓」，我卻是耍廢的女漢子，只能説我輸了。

食過甜品後，女僕請我們與她一起拍即影即有留念，劇情需要，我們又被安排擺出可愛小貓的甫士，然後她依依不捨地歡送我們離開。踏出門口的那刻，好像從幻想中走回現實世界，我猜想男生或多或少都帶著失落離開，情況好比旅行最後一天，坐在回程飛機上，準備迎接第二天上班的心情一樣低落，由被捧上天回到現實，可能比光臨之前更空虛。

親身體驗過就明白女僕是如何俘虜萬千寂寞的男人心，抵女僕café成功衝出日本，殺出一條血路。女僕源於cosplay，是虛擬世界中女性扮演的角色之一，但為什麼唯獨女僕一角能一枝獨秀，大行其道呢？明明男女之間的關係可透過不同角色演繹，可以是公主與王子，女教師與男學生，女護士與男病人等等，偏偏成功突圍的就是主僕關係。也許男人的潛意識就很嚮往自己作為主人的身分，內心渴望得到千依百順的小鳥依人侍奉，而女僕安分守紀，專注家務，在需要時侍奉男主人，就扮演了男人心中的理想角色。在這段主僕關係中，女性顯然是男性的附屬品，但某程度上，也是女性願意配合去取悅男性，才令這個劇本活現在現實生活中，造就了女僕café的盛行，想不到成功的現代日本文化產物都離不開男尊女卑這個根深柢固的傳統。

當然，日本也興起執事[11]café，出租大叔等偏向以女性為中心的玩意，不過普及性和知名度感覺好像遠不及女僕café。相對日本女僕，港女顯得獨立強悍，委曲求全較少在港女的字典中出現，普遍來説，撒嬌的本領亦望塵莫及，至少説句粗言穢語可能比起説「怎麼可以吃兔兔」[12]來得容易。我感覺自己好像在攻於心計的女僕café，上了寶貴的一課。

事隔幾年，旅伴自組毒男團再戰女僕café，做了什麼我不知道，只見回來時銀包多了他跟女僕的獨照，完全遮蓋了那天我們仨的合照，他聲稱順手而已，你説呢？

在日本，男人的浪漫不是豆腐火腩飯[13]，而是茄汁蛋包飯。我一次又一次成全旅伴，滿足他與日本妹約會的慾望，我説我才是真女僕，不是嗎？

放電@秋葉原
#毒海無涯回頭是岸
#最強小三

亂入女僕Café@秋葉原
#我們一起學貓叫_一起喵喵喵喵喵
#制服誘惑

#男人的浪漫不是豆腐火腩飯
#女僕蛋包飯
#很想要吧

DIY Totebag@涉谷FabCafé
#日本連鎖Café都有顏色
#日本的「黃色」事業
#高質Café重有得DIY精品同3D打印
#少有嘅理念

1　「一人一個XXX」是香港討論區常用來引發網民分享經歷的標題。

2　「食過返尋味」原意指吃過一些東西後回味無窮，想要再吃；後來引申為做過一些事情，感覺良好，想再次體驗。

3　「識條鐵」是潮語，解作什麼都不懂的意思。

4　潮語，指言語和行為有矛盾。

5　「外貌協會」指注重外表或者會以外貌作為評審標準的人。

6　此句出處是香港近代流行曲〈耿耿於懷〉的歌詞。

7　「挑機」指在有對戰功能的遊戲中挑戰對手。

8　「JK」泛指日本女高中生。

9　「巧打耳」是好得意的諧音，即好可愛的意思。

10　「萌」字起源於日語，「賣萌」是裝可愛的意思。「雖可恥但有用」取自人氣日劇《逃避雖可恥但有用》。

11　日本的「執事」是男管家的意思。

12　此句是近代電影《撒嬌女人最好命》裡，會撒嬌的女人所講的經典對白。

13　在香港，男人的浪漫是豆腐火腩飯。這是出自討論區的「火腩飯潮文」，描述一個男人獨自在大排檔吃豆腐火腩飯的心情。

旅行雖奢侈但有用

2016年3月・荷蘭

有旅行癮的我，聽一萬次陳綺貞那首〈旅行的意義〉也未能參透「旅行的意義」。沒有旅行癮的，可能只會覺得旅行是奢侈又嘥錢[1]的不良嗜好，錢又花得不實在，純粹為免虛度年假，順手帶一唸手信[2]回家，什麼尋找自我，擴闊視野，通通都肉眼看不見，不切實際。

是的，旅行確實沒有明顯看得見的實際功用，只是用錢買開心，有時甚至貼錢買難受，所謂的眼界就算闊了，又如何，用得著嗎？完全不符合今天社會所強調的經濟效益，本來我都是這樣想的，直到有一天，才發現原來旅行帶來的見識，識得用其實好有用，分分鐘在職場搏得上位好機會。

我在一間階級味濃的大公司打工，有一日，我跟著兩位阿姐，一位是初來報到的經理，一位是當天聘請我的部門主管，踩上最不想踏足的Executive floor打大佬[3]，三人齊齊見CEO下線的Executive Director。明明在職級上我跟Executive Director相隔極遠，又怎會想到忽然坐得那麼近，對於要參與打大佬，除了無奈，還是無奈。

介紹返[4]，部門主管是猛將一名，劍橋畢業，在國際數一數二的consultant firm出身，大概就似麥明詩[5]那種學霸，而Executive Director也是在同一所consultant firm出身的，有過之而無不及。

作為小薯[6]的我，十萬個不情願被捲入膠層[7]會議，在這種場口，我當然預

了自己做書僮，準備好文件，專心take notes，會後負責follow up，最多斟茶遞水，開門熄燈，大概安守本分，保持沉默，就可以安全度過，其他的事，阿姐們自有分數。

題外話，Executive Director開會有個癖好，心情好的話，間中會問IQ題，大概是用來測試和比較下屬的智商，作為書僮的我聽過不少，也見怪不怪。

那個打大佬的馬拉松會議，開始的時候已經天黑，Executive Director一句肚餓就先中場休息，然後他離開了會議室，兩位阿姐也跟著去廁所，只有我原封不動，誰不知Executive Director帶著一包餅極速回來，剩下我和他獨處會議室，心裡多不自在。

Executive Director打開了包裝就將餅乾塞進口，也順道請我這沉默的小薯一同分享。一看，原來是荷蘭的Stroopwaffle，心想，在如此高壓的環境對住你，哪來吃的心情，但不吃就是不畀面，隨時蒙上拒絕Executive Director的罪名，我大膽地轉移視線，雀躍地說：「噢，是荷蘭的餅，大大塊圓型，用來放在熱飲的杯面上，讓杯裡的熱力將餅裡的糖漿溶化來吃。」

那一刻Executive Director看著我的神情好像有點另眼相看的意味，然後他說：「哦，你又知，條荷蘭佬[8]送畀我都係噉講。」此時，劍橋阿姐回來了，Executive Director也請她食餅，身為Executive Director愛將的她拿上手就食了，然後Executive Director笑著對我說：「噢，佢唔知㗎。」，阿姐呆了，一面黑人問號[9]，Executive Director還不放過阿姐，繼續問：「你知唔知點解塊餅係圓型？」阿姐還未來得及回答，Executive Director又再

次面帶笑容，望住我説：「噢，佢唔知喎。」想不到我的無心之失令阿姐躺著也中槍[10]。話雖如此，我心裡不禁沾沾[11]，一半是因為平日只有 Executive Director 和阿姐知道而我不知道的事，在我心中的神級劍橋阿姐竟然也有她不懂而我懂的時候，另一半是因為在無須講工事挖坑俾自己踩的情況下，成功將 dead air 的氣氛解圍，更不用食那塊甜到漏喉[12]的餅乾，也沒有因拒絕食餅而被秋後算帳，重點是 Executive Director 可繼續保持好心情開會。

問開有條路，Executive Director 又忍不住問 IQ 題，明知他眼睛看著我，我卻不發一語，讓阿姐答就好了，不然有命開完會，也冇命放工[13]了。散會後，劍橋阿姐果然就問起剛才老細[14]食餅在說什麼，我一五一十向她敍述，表明自己只是沒有心情在緊張嚴肅的氣氛下食餅而轉移話題，重點是要她知道我純粹是安於埋頭苦幹的小薯一名，無心戀戰，也只想完成工作放工（的確，我心裡多想她以後不再帶我去打大佬），畢竟再寬宏大量如她都是女上司，我懂的。

所以，旅行的得著，可能就在你想不到的時間和空間會大派用場，是你沒辦法想像的，沒去過就當然不會感受到。

原來一個人的見識也能引起老細關注，急住上位之前，不妨多去幾趟旅行吧。

#Stroopwaffle　#杯「圓」子

1　「嘥錢」是浪費金錢的意思。

2　「唸」解作行李箱,「手信」是拌手禮的意思。

3　「打大佬」即挑戰最後難關,在這裡指向大老闆匯報的意思。

4　「介紹返」是零售業人士或推銷人員常用的詞語,後來演變成潮語,凡有東西想要簡介、推介或推銷給對方都可以用「介紹返」。

5　麥明詩是香港小姐冠軍,會考十優狀元,畢業於英國劍橋大學法律系,在國際有名的consultant firm工作。

6　「小薯」的出處是Small Potato,解作小人物或小角色。

7　「膠層」即「高層」,「高」的普通話讀音跟「膠」的廣東話發音一樣,而「膠」其實有愚昧的意思。

8　「佬」泛指男人,「條」是量詞,「條荷蘭佬」是那個荷蘭男人的意思,以「條」來形容人是比較粗俗的用法。

9　「黑人問號」是不明所以,大惑不解的意思,出自一名NBA黑人球員的訪問,他露出一個疑惑的表情,被截圖再加了問號,然後被廣泛使用。

10　「躺著也中槍」是潮語,代表無辜被牽連或攻擊的意思。

11　「沾沾」是潮語,「沾沾自喜」的意思。

12　「甜到漏喉」是形容吃太甜,有嗆喉的感覺。

13　「放工」是下班的意思。

14　「老細」是「老闆」的意思。

初妓

2016年10月・京都

作為港女，第一次踏足京都這古色古香的地方，著和服打卡是常識吧[1]。

曾經看過藍橘子[2]的網路潮文〈千祈唔好畀女友著和服！因為佢會覺得自己好靚！〉，根本就在説我的故事（除了看中那件和服不是粉紅色之外），大概是引起了不少港男港女的共鳴吧，不然怎會人氣急升。

是的，穿和服那個幾小時，我不怕直認，真的覺得自己變靚了，哪來的自信？不是因為那件和服有七彩顏色的布料，也不是因為那件和服有美麗花巧的圖案，而是穿上和服之後沒有了什麼才是重點。穿和服就好似被紮成脹卜卜的裹蒸糭，一層包一層，然後打結再打結，布包得越多，就越自我膨脹，最終穿了多少層，是左疊右還是右疊左都已經分不清，總之包實全身就自我感覺良好。沒有了麒麟臂，沒有了豪華臀，貧乳系的遮住了飛機場，double may不喜歡碧波蕩漾的也遮住了，水桶腰不見了，腰板更被挺直得連寒背都有困難，象腿也不見了，立即變走哂亦得，得咗[3]。穿和服簡直可以一次過滿足哂多個願望，更何況日本妹本來就天生卡歪依，扮日本妹自然有減齡功效，一下子讓人重拾久遺了的自信。我不是自戀狂，但穿和服有自信全因自卑，「因有自信，所以美麗，使我自卑都放低」[4]，穿和服能不漂亮嗎？

令港男眼前一亮的可能不是平日見慣見熟的港女，而是和服本身引發的暇想，「日本妹」三個字就自然帶給人無窮想像，加上這一身別具新鮮感的裝扮也夠刺激眼球，自信地chok樣[5]的偽日本妹也總比平日那西面[6]港

女順眼，不是嗎？不過，瘋狂自拍的偽日本妹又怎夠滿足J[7]慣日本妹的旅伴，體貼大方的我一早就安排了跟真日本妹約會。

穿著和服的我倆走進花見小路，我嘗試加快步伐，卻不自覺地走起小碎步來，想快也快不了。步姿像企鵝一樣的我，行了不出五分鐘已經有窒息的感覺，好似穿上N件矯形內衣般壓迫，想不到未見面就已經幾乎體力透支，很想快點解開束縛。

終於到酒館了，進入燈光暗淡的房間卻不見人影，再等一會，她出現了。眼前的她是一名舞妓，凡是有個「妓」字，或多或少潛意識就有種風塵的聯想。然而，舞妓其實是見習藝妓，純粹從事藝術表演工作的她，原則上只賣藝不賣身，乃是真「藝文青」[8]。舞妓，顧名思義就是會跳舞，在獻舞之前，年紀輕輕的她先派發自己的名片，再為客人泡茶並送上茶點，一邊閒聊。席上除了我之外，清一色麻甩佬[9]，有來自日本的，也有來自台灣的。我留意到幾位男士起初與她互動的微表情，感覺有點像女神的粉絲見面會一樣，有種傾慕而害羞的距離感。

舞妓的藝名叫晴子，聽起來帶點陽光女孩的感覺。近距離看，晴子與其他舞妓和藝妓一樣，有一張刻意塗白的臉，就連露出的一點上背和頸的大部分位置也是全白的，恕我直言，午夜看到應該會大嚇一跳。以前的日本人也夠大膽了，聞說是為了要在暗淡的環境看清面孔，就用如此極端的手法將全臉畫白，大概是當時還未上映《午夜凶鈴》罷。可能身旁的台男也有同感，他開始轉移視線，主動跟我搭訕[10]。

突然想起旅伴曾經參加毒男團遊台遊日，宅在一起難道不是盡情豔遇，大飽眼福嗎？誰知道他居然説街上都沒遇過正妹，真的假的？據他所

説，難得終於在日本見到靚女，一開口卻説著一口純正的廣東話，原來離不開港女。莫非我身旁這台男也是看到日本妹的幻想被破滅，不禁將視線離開日本妹，在別無他選之下寧願跟旁邊的偽日本妹交談嗎？

我凝視了晴子很久，嘗試想像她的長相，卻發現她好像是戴了揭不開的面紗一樣，格外神祕。在日本傳統音樂的伴奏下，晴子來一支獨舞。我不懂欣賞這種舞蹈表演，但單憑她身穿的和服款式比我穿的類聚，就相信一舉一動都不簡單，尤其要刻意將自己調教至slow motion，配合凌厲的眼神，絕對是二百分投入的演繹。我聽不懂日語，但從小調的樂曲加上她的面部表情，聽出幾分哀怨的感覺，好像在訴説些什麼似的。

坦白説，舞妓的臉白得連樣子都幾乎看不清，而身材也被完全遮蓋了，硬説她們美麗實在有點牽強，因為現代人的審美觀都流於表面，第一眼不夠吸引，就可能已經膚淺地將焦點轉移，人之常情。又或許對某些人來説，藝妓就活現了那種得不到才是最美好的心理，無論走得多近，也只可遠觀而不可褻玩，連樣子都靠幻想，而幻想總是完美的，自然塑造了神聖不何侵犯的高貴女神形象。當然，每個地方或者時代對美的定義有所不同，從而衍生獨特的審美觀，也唯有籠統客觀地説，昔日的藝妓在上流社會的貴賓面前展示她們的談吐和藝術造詣來表現出她們的美，而今天的舞妓則讓作為遊客的我看見她們傳承日本傳統文化的內在美。

其實，藝妓打正旗號繼承傳統文化，既然純粹賣藝不賣身，為什麼不准結婚呢，是要為男人製造幻想空間嗎？不知道席上的男人除了看到表面那張白臉，又可會看得見這種為文化藝術而犧牲的內在美呢？要犧牲女性的終生幸福來保留傳統的代價也太大了，連那句「莫非可終身美麗，才值得勾勾手指發誓」[11]對藝妓來説，都來得太奢侈了。今時今日的女生

#當偽文青遇上藝文青　#和服初體驗　#女人味女人味
#我著出一身好女人

身材不夠好，可能會後天加工來改善，樣子不夠甜美，就可能整容化妝
來遮掩修飾，然而，即使外表改變了，招惹的狂蜂浪蝶是為身體樣貌而
著迷，還是被為人的內在美所吸引呢，可能永遠都是個迷。無論女生是
為了取悅別人還是取悅自己，愛美都實在人之常情，然而，當被揭穿了
加工的真相，卻又可能被評頭品足，甚至被羞辱，然後還是忍不住去學
化偽素顏妝，但求不被發現，為什麼女生要這樣過日子呢？就連著起和
服覺得自己比平日靚，然後在充滿異國風情的地方留影，也居然可以成
為網絡巨著的題材，背後那種自卑加自虐的辛酸，某些著重表面的雄性
生物可能連理解都不屑，來生真的不要再做女生。

假如單身想出pool[12]或者失戀要離開傷心地療傷，京都可能是個不錯的散心之選。來個藝妓look，畫個全白臉，穿起和服，把樣貌身形能隱藏的都隱藏，期待與Soulmate的邂逅，約會時將焦點落在外表以外的地方。即使沒有豔遇，也大可以藝妓上身，終生不嫁又如何，在街上挺起胸膛仍然吸睛，就這樣找回失去了的自信，分散一下注意力，也不失為解憂良方。

（p.s. 故意用這標題將你引進來，然後戳破你對「妓」的期待和幻想，不然單靠內文又怎夠吸睛？人化妝，文也要化妝。）

花見小路

伏見稻荷大社

清水寺

舞妓出沒注意@丸梅
#莫非可終生美麗＿才值得勾勾手指發誓
#來生不要做女生　#抽水文

93

金閣寺

馬鹿一代
#京都必食著火拉麵　#最佳視覺效果
#色香味俱全就係佢

京都塔
#燭台的外形
#是為了融合京都的傳統城市風貌

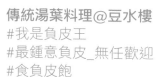

傳統湯葉料理@豆水樓
#我是負皮王
#最鍾意負皮_無任歡迎
#食負皮飽

不行的旅行

1 「……是常識吧」是網民常用句式。

2 「藍橘子」是香港後起的人氣網絡作家，曾經創作網路潮文〈千祈唔好界女友著和服！因為佢會覺得自己好靚！〉，題目解作〈千萬不要讓女友穿和服！因為她會覺得自己好漂亮！〉。

3 「立即變走晒亦得，得咗」是香港經典的染髮劑廣告對白，陪伴港人數十載。

4 此句是香港歌手鄭秀文的流行曲〈終身美麗〉的歌詞。

5 「chok樣」是潮語，原字為「擢」，形容人在拍照時嘗試令自己看似漂亮一點，擺出裝可愛或裝酷的表情動作。

6 「西面」是嘴臉很臭，臉上表情很難看的意思。

7 「J」某些人物或東西，代表覺得那人物或東西很正點，很有幻想的意思。

8 「藝文青」與「偽文青」讀音一樣，但意思相反。「偽文青」是指流於外表形式，胸無半點墨，卻要裝文藝的青年，而「藝文青」是指文藝青年，兩者形成對比。

9 「麻甩佬」泛指男人，「清一色」是全部一樣的意思，「清一色麻甩佬」代表全部男人。

10 「搭訕」是主動跟陌生人講話的意思。

11 此句出處是香港歌手鄭秀文的流行曲〈終身美麗〉的歌詞。

12 「出pool」是脫單的意思。

D. for Dra

Drea

疫情下的香港廣東道

DQ = DisQualified

Defend or Defeat

Darkness

Descriptive Deficiency

Dangerous mind

Decision-making

Deadline fighter

Dare to challenge

Distinction

Democracy

Dilemma

Detached

Dictatorship

vided society

Departure to Destination Unknown

Demand and supply

Diplomatic

Dignity

Delay No More

Discrimination

Determination

Despacito

Dolittle

Dolce Vita

Disappointment

Dumbass

Double May

Depressions

Dig Deeper

Diaspora

Denial

Diversity

Disaster

Deteriorating

Dedication

Distorted values

Defying

Disconnected

Decaying city

Destiny Determines Directions,
or vice versa?

金非識比

如果人與人之間存在社交距離[1]，我和她之間曾經是緊密接觸者，今天卻是非關連人士。

與旅伴同遊之外，二人成團的旅行，就只有和她。她就是那個一起手挽手去廁所，些牙[2]食同一個餐，生日一起慶生，玉帛相見的人。她跟我穿過同一件衫，睡在同一張床，説過將來要陪著大家出嫁。我們一起笑過，哭過，鬧翻過，又再互相依靠過。她，曾經是我的閨密，我們沒有如大台膠劇[3]的劇情一樣，愛上同一個人然後反目成仇，然而，這一刻再次翻看手機與她的對話，仍舊只見那單剔的訊息，是的，我們失聯好一段時間了。

汶萊之旅已經是十年前的事了，那次應該是閨密和我最後一次去旅行。兩個驕生慣養的港女，雙腿乏力，身子又虛，旅行目的地當然經過精挑細選，我倆決定以大家都未踏足過的短線旅遊點為大前提，加上以治安為自由行的首要考慮，當然旅費也是作為大學生的我可以負擔的。篩選過後，其實沒有太多地點，想不到最後竟然選了汶萊這個冷門的神祕國度。

對於汶萊，唯一的認知就是吳尊，都是他的錯，誤導我們以為汶萊盛產美男，甚至幻想巧遇汶萊王子，釣得地表最強之金龜，從此生活無憂。説了是幻想就當然與現實不符，大多數的汶萊人都沒有吳尊的白滑肌膚，肚子更看不出那排朱古力，他們大部分都是典型東南亞人的面孔，男的膚色偏深，女的包起頭來。

不
行
的
旅
行

說到這裡，其實　　　斷　　　　　　片[4]　　　　　了　　　　　　　　　。

對汶萊的記憶就好似我對她的感覺一樣，日漸模糊，越來越陌生，我甚至嘗試翻開舊照追溯，但都沒有太多頭緒，像是發了一場夢然後奮力都想不起夢境一樣。大概是在旅行的那幾天，我沒有用心認識汶萊，就正如我可能也根本不曾了解過她，更想不起我們之間是怎麼了。

僅餘的印象記得汶萊隨處可見金碧輝煌的建築物，連超市都長期出售黃金，實在有點浮誇，不愧為富有的石油皇國，炫富是基本罷。撇除金光閃閃的蘑菇圓頂建築物較深刻之外，記得有一座頗宏偉的清真寺，旁邊有人工湖和御船陪襯，似是走進了阿拉丁的世界，別具中東色彩。還有另一座浮誇的水晶擺設，超大的仿水晶鑲在巨型金座上，據聞是為紀念皇妃送了一顆巨型水晶給蘇丹皇而興建來送給國民的禮物，極盡奢華。時至今日，汶萊仍有皇室，聞說每年皇宮都會擇日開放讓公眾參觀，可惜我們與這千載難逢的機會擦身而過，與石油王子緣慳一面。

生於汶萊就好比含著金鎖匙[5]出世一樣，平民百姓自小有國家包養，福利好到令人難以置信，免交稅、免醫藥費、免學費，每月只需港幣千多元就可住別墅，只能說這些機會不是我的。諷刺地，想當年閨密給我的第一印象其實正是家境富裕，身光頸靚的拜金小姐，與汶萊這個地方有異曲同工之妙。她口中描述的家也帶點皇室的味道，甚少對外開放，更重要的是待她如公主一樣，衣食住行都幾乎是最好的，一直過著奢華的生活，養得一身公主病（當然我的病情也不輕）。明明已經住在汶萊最豪的六星級酒店，她仍然堅持要將房間upgrade，享受更好的景觀，幸好她沒有要求轉到有室內泳池的總統套房，即使我已表明不想花錢，她也不罷休，於是索性包我免費upgrade了。

汶萊人不愁衣食，活得開心與否，我不知道，但閨密呢？金錢堆砌出她的高貴氣質，心底裡卻滿滿空虛哀愁，莫非這都是有錢人的通病？常聽她說，父母會為她安排相睇[6]，總之非要門當戶對的家族婚姻不可，我實在沒想過如膠劇般的情節會在現實生活中出現得那麼近。一向尊重父母的閨密，當然樂意認識高富帥，每次都會好好應酬。直至後來，閨密遇上了他後，情同姊妹的我們好像沒有昔日般親近，起初，我的確感到失落，後來漸漸習慣了她重色輕友，已讀不回也見怪不怪，由以前每日聯絡到後來從面書見到她放閃[7]才得知她的近況，我們開始越走越遠。可能人大了，面對著大家的追求有所不同，越來越不想迎合別人，只想毫無顧忌做自己，合則來，不合則去，我一直都以為這就是令我們的關係不如從前的原因。

隔了一段時間，從她的另一位密友口中得知，她因欠債而四處向朋友借錢，我十萬個愕然。以她的家境，這幾乎是不可能發生的，經了解後，才知道事情不是想像般簡單。原來她被經濟封鎖，甚至多次企圖輕生，我實在不敢相信。不過，想起來也是有跡可尋的，曾經在面書看到她明明在po別人的閃照[8]，卻說成是自己一樣，已經覺得怪怪的，只是那時的我已經練習到不那麼在意她的一舉一動，所以也略過了。

以前我們之間什麼都可以聊，唯讀她是個要面子的人，在我面前總愛逞強，不甘示弱，大概她不會想我知道她變成這樣，也不知道要如何面對我，更不想破壞自己在我心中的形象，所以也沒有向我透露半點。我覺得自己徹底的差勁，只記得她如何忽略我，卻忘記了她曾經的關心。在她最脆弱，最需要支持的時候，我居然懵然不知，甚至努力忽略她，我是人嗎？

我立刻拿起電話，寫了好長的訊息與她破冰，如我所料，她報喜不報憂，只說自己在服藥，病情受控，情緒穩定多了，然後她邀請我到她家裡吃飯。見面前我很忐忑，很怕會刺激她的情緒。原來沒有接觸的那段時間發生太多事了，聽著她斷斷續續地回顧，不禁覺得太富戲劇性了。大概就是當初她不理家人反對，決意要與那個令她死心塌地的男人成婚，後來家人也屈服了。可惜，住慣港島的她又怎會願意搬入對方的新界寓所呢，於是家人出手相助，經濟上支持他們在港島同居，然而，同居後他疑似有外遇，她患上了抑鬱，不時突然失蹤，甚至輕生，後來她被家人經濟封鎖了。

她沒有將細節交代得很清楚，但憑我對她的了解，大概是她太愛他，沉溺得不能自拔，接受不了他有外遇，為了證明自己在他心中仍有地位，太想被他注意和關心，太怕他離開，她才會承受得起痛楚，勇敢得賭上自己的生命，反正沒有他，她也活不過去。我倆見面的時候，他們已經分開了，她說一直沒有找我是擔心會把我嚇怕，言談間又多次提出跟我旅行，唐突得我不懂反應。說要一起旅行，請我到家為我煮飯，這些都是她的情感轉移，真的能幫她療傷嗎？還是必經的過渡？我毫無頭緒。

以為這次冰釋之後，我倆應該會慢慢和好如初，可惜只是維持了一陣。後來，只要稍為不留神說了一些她不想聽的話，她就動輒用性命威脅，向我發出血肉模糊的照片，心血少一點都會被嚇倒，不知所措之際，只好轉告她家人。大概這又是她的情感轉移罷，後來發現原來她竟然重發同一張舊照給不同的人，該高興嗎，我還參演了狼來了的鬧劇。我知道我應該完全體諒她，但自覺無能為力，開始覺得不懂與她相處，這個她很陌生，甚至連我也不時精神緊張起來，連她家人都控制不了，我憑什麼幫她病情好轉呢？然後，不知怎的，渾渾噩噩，她從我生活中淡出了。

在溫室長大的她，自小習慣唾手可得，要什麼有什麼，處理不好的事情總有家人埋單[9]。得不到摯愛的打擊對她來說太大了，就算她窮得起，也輸不起，我想有錢人真的沒想像中好做。有錢看似贏在起跑線，但連帶的是裝滿錢的沉重包袱，背著滿身臭錢的包袱走人生的路，可能邊走邊守，舉步為艱，根本不及身無分文的人走得輕鬆自在。

而活在還富於民的汶萊，仍然有不少人選擇棄幾千呎別墅豪宅而住水上屋，走訪過後，發現水上人的生活在世人眼中既廉價又簡樸，可能他們就是捨得放下以換取更多的一群罷。難道要人人都似汶萊人天生富裕，連炫富都可能顯得多餘之時，才會願意拋開物慾，學習視錢財如糞土，嘗試所有價值都由自己定義而並非按標價衡量，過自己真正嚮往的生活？講就天下無敵，做就有心無力，我還是會繼續投注六合彩[10]，買一個渺茫的發達機會。

我懦弱自私，不夠大愛，她揭露了我的陰暗面，每逢想起她，我都少不免感到唏噓，自責和可惜。她令我更看清人生的脆弱無常，學會接受生命就是充滿過客，友誼不一定永固，緣分也有盡頭。今天不知她何去何從，可能某一天我們又會再重聚，又可能她只想忘記過去，做個陌路人，無論如何，順其自然就好了。

感激她陪我經歷，令我成長。假如有幸讓她看到這篇文，我只希望她可以誠實地做自己，帶著我滿滿的祝福，勇敢健康地生活。

#遍地黃金嘅石油皇國　#一街含住金鎖匙出世嘅土豪　#錢財身外物
#國民福利很想要吧　#記得約埋絲打去一年一度皇宮開放日避逅石油皇子
#拜金小姐去釣地表最強金龜　#油皇派糖　#公主病是這樣鍊成的

1　「社交距離」是因應COVID-19而採取的措施,使人與人之間保持一定的距離,減少社交接觸。

2　「些牙」是潮語,「Share」的諧音,分享的意思。

3　「膠劇」指製作粗劣,劇情荒謬的劇集,「大台」即一台獨大,因官商勾結而壟斷免費電視市場的電視台。

4　「斷片」是在瞬間失去部分記憶的意思。

5　「含著金鎖匙出世」是生於富貴家庭,從小不愁衣食,過著富裕生活的意思。

6　「相睇」是相親的意思。

7　「放閃」指情侶高調公開甜蜜舉動的炫耀行為。

8　「閃照」是顯示情侶親密恩愛的照片,「po」是post的短寫,即發帖的意思。

9　「埋單」本來是結帳的意思,在這裡有「善後」或「接濟」的意思。

10　「六合彩」是香港的彩票。

奧瑪阿里清真寺　　水晶公園

#中東風　#是阿拉丁的wholenewworld嗎?　#adazzlingplaceineverknew

汶萊河水上村

亂入超市

汶萊帝國酒店

#水上高腳屋
#超市賣金
#六星級豪華酒店景觀
#愛鬥大
#回不去的形影不離
#我當你是浮誇吧

慎入，這不是遊記

作為間中胡思亂想的無膽匪類，不時幻想萬一旅行途中，家裡或者自己有什麼不測，那該如何是好。長途日子多，路途遠，固之然心掛掛[1]，即使短途出入強國，也令人憂心忡忡。曾經由北京搭過夜火車往內蒙古，途中不時憂慮會否一覺醒來發現財產都消失了，在內蒙古如廁期間又會否被迷暈，醒來時發現心肝脾肺腎都被挖去。每當想起這些令人毛骨悚然的畫面，只能祈求倒楣的事千萬不要降臨自己身上，除了買旅遊保險之外，迷信的我唯有像婆仔一樣將阿媽派的出門利是當護身符傍身，但求心安理得。

不知從何時開始，不少身邊的人都喜歡週末跨境吃喝玩樂，但坦白説，我確實不感興趣之餘，甚至有點反感。自從大學上京交流之後，如非必要，北上可免則免。説北上消費便宜，個人認為香港其實都有不少抵玩，甚至免費的消遣娛樂。説新玩意，居住香港三十載，仍然有很多未踏足過的地方值得發掘，隨便翻開介紹香港的旅遊書都會發現新大陸，重點是你有多熱愛香港這片土地，或者該説多希望擁抱大灣區。

其實，稍為對品質有要求，又怎能安然無恙地冒險吃地溝油，買山寨貨呢？更不得不提那獨特的食野味文化，成功感染全世界。還有那套衝出國際，引領潮流的電子錢包系統，可笑吧，或多或少因為偽鈔的存在促成它的普及，明明實名登記自然會助長監控追蹤，明明長期使用就會侵蝕本地電子支付系統的市場，自願協助紅企擴大版圖的良好市民卻多的是。無可否認，汰弱留強是自由市場的定律，但説到底，又是錢作怪，

就是看準心理，讓商戶一元都不用花，用家掃一掃就慳十元八塊，收買成本也太低了罷？

親，以上所說，無非想帶出平日的消費習慣是值得檢視的，當自以為貨比三家，精明消費者當之無愧，其實有否認真想過所花的一分一毫的意義呢，除了表面上客觀地反映對貨品的需求外，背後又在支持什麼企業，助長怎樣的風氣呢？為慳十元八塊而影響選購決定的情況早已不限於師奶[2]，淘寶達人又有否想過用了什麼來換取眼前的著數[3]呢？早前一連串的社會運動好像終於令不少人反思，當然，慳十元八塊對某些人來說，可能已經夠食兩餐，根本連討論也嫌奢侈，加上即使謝絕北上，抵制紅企，最基本的東江鉛水也是避無可避，只怪當初沒有大力投資發展讓香港自給自足，無他，又是錢作怪，直接買入東江水比淨水便宜得多。

盲目向錢看的人不少，別人的想法控制不了，但絕對可以由自己做起。停一停，看一看自己在有選擇之下的消費腳印，大概消費意識薄弱是港人通病。曾幾何時，我以為自己是個有骨氣的人，時刻都可以堅持原則，對不認同的事誓不低頭。然而，不得不承認，人性是醜惡自私的，原來我都不過是講就天下無敵，做就有心無力。

世事難料，越不想發生的事，就偏會發生。平日如非必要都不會在強國多花一分一毫，多留一分一秒，沒想到有一天竟會在所不計，不惜傾家蕩產，只求買得香港有錢都買不到的東西，多得上天眷顧，終於得償所願，然而每次回想那段經歷，都需要無比的勇氣……

在初出茅廬，踏入社會工作的第一年，已退休的家父患上肝癌，身為長女的我，既無助亦擔心，眼見父母的心情沉重，只好努力掩飾自己的不

安，盡量安慰和鼓勵爸爸積極面對，沒想到一向樂觀的爸爸情緒也突然激動起來，那次幾乎是我出生以來第一次見他落淚。猶豫不決的我平日最怕做決定，沒想到二十出頭，肩負起找醫生的責任和做醫治的決定，一路戰戰兢兢，只怕做錯一個決定都隨時後悔不已。其實，肝臟移植是接受由家人捐肝的，而且吻合的機會較高，不過，當時父母都堅決反對妹妹和我捐肝，怕多一個人做手術就多一份風險。後來，爸爸經親友轉介，有幸在強國成功換肝。只能說，金錢，人脈關係，決一不可。

一家人先後拜會過朋友、院長和醫生，分期繳付大筆費用，在那殘舊不堪的醫院驗過身，突然在一個晚上收到醫院的來電，說有合適的肝臟，於是一家人馬上趕火車，可惜剛轉新工的我，隔天一早要考試，只好獨留家中，分隔異地，忐忑不安。那天晚上，儘管如何努力溫書都不太入腦，我從書架取下了一本幾乎從未翻閱卻又很應景的書《那一夜，我祈禱奇蹟出現了》，試圖保持內心平靜。儘管沒有任何宗教信仰，也不曾祈過禱，我都試著合起雙眼向陌生的主耶穌freestyle[4]禱告。經過一段時間，終於成功睡著，誰不知醒來時，手術仍在進行中。天啊，已經過了七個多小時了，簡直令人崩潰，後來終於傳來手術成功的消息，萬分感恩。

當日考完試後，我馬上趕往醫院，見爸爸精神還好，阿媽卻迫不及待向我描述那夜凌晨驚心動魄的畫面，我一邊聽，一邊起雞皮。手術中途，阿媽見到大大的鐵箱從電梯運入手術室，隔一會兒看見滴著血的針筒刺穿垃圾袋被送入同一電梯，這不是恐怖片才出現的場景嗎？醫生又跟她說捐贈者是個意外離世的年青人，肝是高質的，該高興嗎？我聽起來心裡很不舒服，但願醫生句句屬實，好不容易，總算挨過了最艱難的時間。

以為雨過天清，事隔幾天，爸爸的傷口卻突然滲水，醒來後更神智不

清，胡言亂語，性情大變，説見到我們看不見的東西，不在場的我也被嚇得膽顫心驚。在那陰沉而又歷盡生離死別的環境下，實在很難保持理性，不作任何揣測。後來醫生證實這些症狀可能是藥物引起的副作用，於是轉藥減低幻覺，為求心安理得，也請來法師作法，終於逐漸回復正常，經過一個多月的休養，爸爸順利出院了。

阿媽和妹妹大部分時間都留在爸爸身邊，我卻一個人留港上班，除了處理微不足道的一點點家務，可做的事情不多。平日我們一家四口都會定期拜神，那段非常時期，我幾乎每天都到家附近的土地廟為爸爸上香祈福。

寧可信其有，不可信其無，話説在爸爸確診前，阿媽曾經和我亂入廟街睇相[5]，當時相士預示了不久的將來會有大事發生，不過最終都可以挨過去的，然後更踢爆了鮮為人知的舊事，回想起來，準得可怕。

手術半年後，見爸爸情況穩定了，亦已經完全交由香港醫生跟進，總算可以放心去旅行，半年對我這旅行精來説算是不短的時間，加上經歷了轉工、試用期、考試，實在身心疲累，極度需要休息減壓。

旅伴和我去了東京一星期，期間參觀了淺草雷門寺，所謂入屋叫人，入廟拜神，我們也入鄉隨俗，學習當地人參拜，在寺內上香，將香煙撥向自己，又用寺內的水洗手洗嘴，參拜時雙手合十拍掌祈福。

我沒有宗教信仰，更難得的是連幼稚園到大學都沒有宗教背景，所以去到別國參觀不同宗教寺廟，如意大利米蘭大教堂、柬埔寨吳哥窟等，都停留於旁觀者角度去欣賞建築物，志在到此一遊，完全沒有任何情感上的聯繫，起初我以為雷門寺也不例外，回想起來卻好像有點不一樣的感

覺，全因一紙天書。眼見寺內多處都可求籤測運程，我們也貪玩地隨意抽籤，投幣後從抽屜中取出籤文。雖然對日文籤文一竅不通，但居然有英文翻譯，籤文一目了然。想不到一抽便是噩耗，厄運似乎接踵而來，籤文大致上就是說要留意家人的健康。跟據當地人的做法，假如抽了凶籤，就應把籤文綁在寺內化解，我當然也照辦煮碗。旅伴為了安慰我，強行替我再多抽一籤，再抽雖然是吉籤，然而，在健康方面的預告，仍是生病需臥床一段長時間，不過最終也得以痊癒，逢凶化吉。

#先求籤　　#取籤文　　#綁凶籤

#三步曲前先撥香　#自己籤自己解　#抽到下籤要畀啲掙扎　#虛驚一場

沒想到，當晚回到酒店隨即便收到爸爸患肺病的消息，徹底打擊了我的旅行心情，除了擔心，還是擔心，慶幸第二天便回港，只好慨嘆人生如戲。醫生診斷這是手術的後遺症，由於長期服食抗排斥藥，身體抵抗力自然下降，容易被細菌病毒感染。當時，我在想，爸爸從來都是個廿四孝老豆，對家人朋友都是好好先生，實在不明白他種了什麼因有這樣的果，定還是他犯了什麼錯要贖這樣的罪。一向已是長期病患者，今天病魔還要不停找上門，究竟是為什麼，我們這一家的心情固然低落，但問題始終要積極面對。辛苦了一段不短的時間，加上連日來打針食藥，真的如籤文所料，病情受控了，慢慢康復起來。

不行的旅行

有一天，阿媽對我説，自從換肝後，爸爸彷彿變了另一個人，口味轉了，也不像以往般健談，笑容少了，身形也清減了不少。口裡説不，其實我心裡也有同感，也許爸爸真的老了。小時候哭總有爸爸哄，縱使再不想長大，也不知不覺長大了，角色也是時候要調換了。我知道這一役的打擊不小，已退休的他花了一大筆積蓄，家裡的財政一定會令他惆悵，然而，一家之主的他當然不想我們識破。幸好，當時樓市唱旺，甚信風水的媽媽也支持賣樓吐現，一舉兩得。身為女兒的我，深明自己沒有任性的餘地，縱使厭惡眼前的工作，為錢途和前途，當時都要頂硬上6。

以前以為宗教導人向善，後來遇過一些虔誠的教徒，做事心狠手辣，心懷不軌，令我覺悟教徒也可以是壞人，宗教信仰也有可能淪為工具：為了入學加分而洗禮，為了擴大社交圈子而信教，為了有利國家管治而傳教等，實在惹人反感。但經過此役，我發現原來人在脆弱無助的時候，為求心安理得，為了精神寄託，是會失去理智，願意相信看不見的事物，無助地祈求神助。無論思維有多理性，見識有多廣博，也難免會有迷信求神拜佛的時候；無論思想有多開放，也擺脫不了倫常；無論心裡有多鄙視，也拒絕不了這場性命由關的交易，我又憑什麼自命清高呢？

想不到一直害怕的惡夢在毫無預兆下突襲了，在旅途上家裡出事，還有財產真的會輕易地在一夜間消失，五臟六腑也極有可能有價有市。親身經歷過，就深明何謂迂腐，然而，諷刺地，全靠夠迂腐，我們這一家才可齊齊整整過生活。如果在香港排隊輪候器官移植，實在不敢想像要等到何年何月。為了一己私慾，我沒有作出個人犧牲，卻見證著用真金白銀換來了另一名犧牲者的器官，我憑什麼評論別人的消費模式，還好意思説自己多有骨氣。開口埋口説強國的我，總得飲水思源吧，然而，飲

著東江鉛水的我，連想都不敢想，但願壯烈犧牲的器官捐贈者在天國安息，阿門。

#富士山下　#高山低谷　#人生交叉點　#請勿放棄治療

1　「心掛掛」是心裡有牽掛的意思。
2　「師奶」的意思是精打細算的大媽。
3　「著數」是Jetso的諧音，好處或小便宜的意思。
4　「freestyle」是即興，隨意發揮的意思。
5　「睇相」是算命的意思。
6　「頂硬上」的意思是硬著頭皮撐住。

透明隱身術

2018年7月・希臘

希臘的陽光好毒，毒到幾乎把人煎熟，但看著一望無際、注滿透明玻璃水的汪洋大海，連平日唔見得光[1]都想每日到海邊走走，同陽光玩遊戲。

處女下海，事前當然做足準備，明明來往Santorini和Mykonos小島的內陸機只包7kg行李，都誓要老遠帶吹氣玩伴來滿足一己私慾，學網紅打卡。為了避開人潮，我一早做好research尋找「隱世沙灘」，原來Mykonos有不少隱世沙灘都是出櫃勝地。

也許我根本沒有將這放在眼內，好像沒有留意到Paraga Beach上有同志的足跡，更令我驚訝的反而是海灘上的床事。香港私家醫院的床位再貴都一席難求就見怪不怪，沒想到希臘沙灘上排滿淨坐二百大洋的海景床位都座無虛席，留意返，是歐羅，不是港幣，說好的隱世呢？只能說我輸了，窮l[2]兩名就只好死死地氣[3]在沙上打地鋪[4]。與其坐在毛巾上葡萄[5]，不如吹起我的私家巨雀火烈鳥，帶它出海暢泳，留意返，游水[6]的是它，我只負責睇水[7]。

海風大，人又輕（一定係，除非唔係[8]XD），一落水就在毫無心理準備下直飄出海，越飄越涉底[9]，以為我玩雀，誰知雀玩我。一向腳踏實地的我雙手失控加雙腳離地，我不想步少年Pi[10]的後塵，奇幻漂流再單挑老虎，於是情不自禁地大聲向旅伴呼救。他拼命游了幾十米追趕，不小心製造了海上追逐假雀的畫面，好不唯美。說自己英雄救美的他成功將我們從海裡拉回岸邊便坐在巨石上休息，誰不知坐了一段時間，他的雙腿又痕

¹¹又痛，大概是水中有隱形生物埋伏在身邊，然後無聲無色地偷襲了，還是先上岸處理紅腫的皮膚好了。看來當地人已經對這種隱形突襲見慣見熟，基本上不當一回事，藥房的職員hea底¹²地取出藥膏就打發我們走了。

人總是有盲點，往往未能察覺一些隱形的事，明明走得很近卻也看不見，或者純粹視而不見，直到感覺到痛楚，或者不得不承認它的存在，然後才捨得正視。旅伴在大石上遇襲如是，就連那些年我和她的關係也如是。曾經以為同性戀是距離我很遠的事，在不同的場合遇過也不以為然，沒想到在我未成年的時候就來個突襲……

那位曾經認識的她，在彼此混熟之前，還與男的分手不久，聽說當時還有男生想趁機向她出手。不知怎的，我們突然由打招呼都嫌多，到有說有笑，慢慢變成朋友，好朋友，越走越近，近到很多事情都不自覺地跟她分享，很多時候都有她陪伴在身邊。

有一日，從第三者口中聽說：「你有發現她很留意你，對你與別不同嗎？」說實話，當時的我根本沒有領會到這番話的含意，最怕講一半不講一半，不清不楚的模糊感覺，在一輪迫供後，終於說了，她，喜歡我！我反應不來，內心激動卻故裝冷靜，什麼，不可能吧？起初，我以為是開玩笑，後來經過仔細觀察，用心感受過一段時間後，好像不到我不相信。

聽她頻頻唱「能成為密友大概總帶著愛」¹³，我居然完全沒有意識到那種超越友誼的關心，也沒有半點懷疑。起初大概是怕破壞彼此的關係，不知如何是好的我也努力地裝成若無其事，後來，她親口剖白了，我有點

不知所措，不知道如何處理也就繼續不處理，任由大家在知情下繼續一如以往地相處，不曾拒絕，也從沒表態，不進也不退。

直到一段時間後，她突然疏遠了，看著她哭，我心也痛了，我失落了一段時間，甚至開始也感到迷失，不禁懷疑自己的失落是單純友情，還是也都帶著愛，無論如何，當刻的我明白只有殘忍地把心一橫割席[14]才是解脫，我對出櫃沒有偏見，但坦白說，當時還是未可以接受自己加入同志的行列。後來，她好像跟好幾個女生公開過關係，慢慢地她越走越遠，一切就好似還完基本步，甚至如果不是面書的話，今天就連當朋友的基礎好像都沒有。如果早知會落得如此下場，當初我會選擇保持距離，經歷關係上的轉變是很累的過程，尤其是發生在年輕的時候，脆弱得不堪一擊，長大了，也不見得練到免疫，只是會迫自己去看化一點，人生才不致被絆倒而停滯不前。

記得我曾經問過她，究竟是什麼驅使她由異性戀突然變成同性戀呢，她說真心不知道，她的取向會在往後的日子再改變嗎？大概我也不會知道。事隔多年，即使當天的我不接受，但不排除在人生的某階段，在不同的經歷後，我都可能有一天會沒原因地突然加入同志的行列，世事無絕對，基因會突變，病毒會變種，Never say never。

生化武器之所以要好好隱藏不無原因，一下子曝光就威脅全球，但出櫃又有何殺傷力可言，當有人連出軌都光明正大，出櫃又有何不可呢？當然，講就易，或許直到一班位高權重的名人都公開地出櫃了，一切從此變得合理。然而，偏偏越是富豪，就越擅長隱身術，結果主流社會繼續無限隱者。透明的世界從來都只是理想，有人的海水就自然混濁，有人的存在就會違反自然定律，不是嗎？

肉眼看不見不等於不存在，瘋狂刷存在感也不代表存在，還是去荒島隱姓埋名容易得多，不然希臘小島何來那麼多「隱世沙灘」？ 怪不得因出櫃而入獄的文學巨匠Oscar Wilde（王爾德）都在百多年前去過希臘旅行，甚至和友人在希臘樂而忘返而遲了回校，只是想不到過了整個世紀，人們還是繼續步他後塵而已。

#一地玻璃水

#有隻雀仔跌落水＿被水沖去

#幫緊你幫緊你　#假雀英雄傳

#抵擋不住希臘風

不行的旅行

1 「唔見得光」有雙重意思，可解作怕光、怕曬，也被引申為不能曝光，需要隱藏，或偷偷摸摸的意思。

2 「窮L」形容貧窮青年（「L」是替代髒話單字「撚」的代名詞）。

3 「死死地氣」是不情願地的意思。

4 「打地鋪」是臨時在地上或坐或臥地休息。

5 「葡萄」是潮語，指因得不到而嫉妒或羨慕的意思，形容酸溜溜的感覺，出自「吃不到的葡萄是酸的」。

6 「游水」是游泳的意思。

7 「睇水」本來是把風的意思，在這裡卻跟把風無關，「睇」解作「看」，純粹表達看著水是意思。

8 「一定係，除非唔係」等於「一定是，除非不是」，是一句潮語，不確定但又不想失霸氣時用的答覆。

9 「淆底」形容驚慌，害怕，擔心或發生事件後臨陣退縮，不敢繼續做下去的意思。

10 少年Pi是獲得多項奧斯卡金像獎項的電影《少年Pi的奇幻漂流》中的男主角，Pi是一名在太平洋上漂流多天的印度男孩，與老虎同船獨處卻成功存活。

11 「痕」是癢的意思。

12 「hea底」是懶散、很隨便的意思。

13 來自香港女同志歌手何韻詩的流行曲〈勞斯萊斯〉的歌詞。

14 「割席」是劃清界線的意思，取自成語割席絕交。

#ParagaBeach應該改名叫ParasiteBeach

#跳出框框
#出櫃快樂

#希臘就是藍與白

意式蝦碌放題

這是一則尋相啟示，重酬（認真mode）！

全能的各方大神，跪求一張攝於2015年9月23日（星期三）的羅馬街頭照，相中主角為一架細過高爾夫球車的迷你電動車，短小精悍，車身無門，簡稱「精無門」。車上僅有的兩個座位分別載著一名亞洲面孔的年輕男司機和另一名身體縮成Z型的女乘客，二人頭上頂著一件白色大行李，女乘客的雙腳再撐著另一件黃色大行李，疑似準備著草[1]。

相片攝於黃昏，事緣「精無門」停在羅馬中央車站附近的一條小路（9 Via del Macao）約十五分鐘，黑頭髮黃皮膚的一男一女在「精無門」旁邊擾攘了片刻之後，設法將兩個大型行李箱，連同他們龐大的身軀，一併塞入細過公廁廁格的迷你車廂內。站在對面街另一所旅館門外目擊整個過程的路人甲見狀，忍不住用手機拍下奇觀，鏡頭下的兩人猶如表演縮骨功，耍雜技一樣，連人帶貨一車四件擺放好便全速前進，在大街上奔馳，沿途吸引了不少旁人的目光。

請廣傳，如有任何人知道這張相的下落，懇求提供線索報料，如筆者成功尋獲相片，將以重酬回報，感激不盡！

#精無門　#懶人恩物　#泊車無難度　#ZTL零障礙　#羅馬限定　#一車四件　#明顯超載

沒錯，旅伴和我正是迷你車上的主角，事件再次證明，為了不走回頭路，旁人的目光可以完全忽略，甚至冒著超載反車的風險，不惜絞盡腦汁，一車過踩到盡（嚴重警告，切勿模仿）；為了慳腳骨力[2]，即使只有半天的時間，也誓要在羅馬租迷你車代步，疾走到全世界最迷你的國家梵蒂岡。

然而，往往像這種最緊張、最忘我、最真實的狀態也是最難捕捉的，因為當時人總是忘記或者無暇分身拍照，唯有依賴清醒的旁觀者，所以才有這篇尋相啟示的出現。

其實，單憑以上的片面之詞，你有一刻懷疑過是虛構的嗎，你相信真的發生過嗎？人人都說有圖有真相[3]，有圖究竟會令人更易相信這輛車的存在，還是有了圖，反而令人難以相信用這輛車可以裝下兩位大人加兩個大噏[4]在高速公路風馳電掣呢？信不信由你，真相只有當事人才知道。局外人要fact check[5]就只能不斷找所謂的證據，然而，誰又可保證證據沒有被捏造來掩飾真相，假如證據不確鑿，信念又會否有所動搖呢？有時人選擇相信的，可能已經不是證據，而是自己的perception。

我曾經被無數旅遊達人的P圖[6]欺騙了感情，以為有相為證總比繪形繪聲的文字來得具體真實，誰不知有圖一樣冇真相，已經記不起有多少次去到景點才發現極大落差。然而，即使明知是假象，自己也會忍不住加入一起P圖，豐富一下圖片色彩然後放閃[7]，如是者不斷無限loop，下一個旅人又中計了。無他，有時真相的醜陋令人寧願留在假象裡的烏托邦，久而久之長期自欺欺人，一不小心把自己也徹底地騙了。人就是如此犯賤，一方面對真相無限渴求，努力追尋真相，另一邊廂，卻又一手一腳P圖掩飾真相，混淆視聽，把別人和自己都騙倒。一時偵探上身，fact check拆解真相，扮智者鬥快看穿破綻；一時卻又騙子上身，大量流出P圖，人格分裂就是這樣練成。

無奈地，有人格分裂傾向的我在鏡頭下就是不會分身飾演自己，從旅伴的視覺所攝下的我，總是醜態百出，每當表示不滿，都是模特兒的錯，奈何也只能對自己説別怪他，因為chok樣[8]擺甫士是需要練的，真的假不了。有時從錄音聽到自己的聲音也覺得刺耳，所以就個人而言，很多時都接受不了最真實的自己，然而，身邊的人卻默默承受著那個你看不見的自己。假如你有一個會攝影的旅伴，實在是小確幸；假如你有一個不會攝影的旅伴，也樂意接受鏡頭下不修邊幅的你，那是大幸福，因為今時今日，活在現實可能已經不是必然，做人夠真也可能不再是一個會被欣賞的優點。

記得讀書年代經常跟同學圍在一起玩「Truth or Dare」，我特別喜歡這隻Game的中文譯名「真心話大冒險」，的確，説真心話需要的勇氣不少於來一場大冒險，大概這就是人性，也是遊戲的癥結。為免被迫在眾目睽睽下履行嘔心尷尬的任務，年輕的我就已經無賴得很，十居其九都會選Truth，然後説的當然不一定是Truth，就視乎那毒誓有多毒，坐在旁邊的是

誰吧。歸根咎底，就是沒有說出真心話的勇氣，怕人看見自己醜陋一面的同時，面對真相其實同樣也需要莫大的勇氣，那些一個個連自己也未必敢正視的汙點，在別人眼中其實可能像塵一樣微不足道，也有可能被無限放大，還是眼不見為乾淨好了。

話雖如此，寫這本書的初衷就是要夠真實，所以內容絕無虛構，但自問文字欠感染力，沒有插圖根本很難將觀眾帶到那情景，所以選擇圖文並茂。然而，那種對呈現真實的矛盾又出現了，想有圖有真相的話，理應毫不修飾就直接將所有插圖出版，卻又怕過到自己那關，過不了讀者雙眼，萬一相不夠高質，畫面不夠豐富，可能連字都未看一隻就已經秒速將書本合上。作為偽文青[9]，自己平日閱讀或多或少也會膚淺地期望圖像夠刺激眼球，所以最後還是敗給了人性的弱點，選擇了修飾，就好似平日上班沒有素顏的勇氣，死要塗一層粉才敢見人。

老老實實，除了上述所表演的精無門縮骨功，其實在意大利也醜事連篇，一不小心更來了個蝦碌[10]放題：

醜事一之「破壞王」

話說我們這一家轉用了密碼鎖一段時間，基本上已經完全擺脫了鎖匙，沒想到在佛羅倫斯入住了一間古老大宅，然後被一把門匙考起了。

從櫃台接過那把比一般鎖匙重和大一百倍的巨型古董鎖匙後，我幾乎呆了，走到房門前，我把眼睛移到門柄上的鎖匙洞窺探，那個洞大得可以完全看見房間裡的景況，還有點像玩VR的感覺，真實地看得見但闖不進。Virtual Reality這玩意簡直令人又愛又恨，虛擬實境，虛擬得來又是實

境，慢慢導人走進虛擬世界。就個人而言，VR之所以好玩是因為明知是假的就可以在虛擬世界沒有後果地大膽嘗試現實世界想做但又不敢挑戰或者做不到的事，然而，即使在VR的世界成功闖關，也未必代表回到現實世界就有勇氣挑戰，甚至會滿足於停留在VR，有種在虛擬世界成就了另一個自己的感覺，如幻似真，可能令人不自覺地沉迷於活在另一個似是疑非的世界，全情投入像真度很高的假象，開始與現實脫節，繼而人格分裂，隨時走火入魔。

揸古董大匙的我將視線離開房間，嘗試開門，明明已經對準位試了好幾次，卻直到check out也未能成功掌握解鎖的竅門，全靠旅伴成功技能解鎖[11]。以為門鎖解開了便完事，誰不知沖涼時一不留神就幾乎幫全房間也一起沖涼[12]了，我受不了古老大宅，相信古老大宅也受不了我這手殘的破壞王，幸好住一晚就潛逃了。

醜事二之「龍蔓王」[13]

遊意大利總有機會踏足教堂，炎炎夏日，一不小心穿了短褲就在佛羅倫斯聖母百花大教堂門外被攔截了，唯有向小販買四方巾將豪華臀和大腿贅肉遮蓋，誰不知買了才發現四方巾居然小得未能在我的下盤成功圍一圈，神呀，救救我吧！我在那糾察面前努力將四方巾揚來揚去，心想盛意拳拳連巾都買了，就差一兩cm而已，大概也會通融吧，怎料卻換來兇狠的一句「I say, go when you are ready！」，言下之意就是叫我滾。被逐出人龍後，我唯有死死地氣走埋一二角[14]，夾硬做手腳[15]，勉強拉住圍巾定好位再重新跟隊，終於成功闖關。人在做，天在看，世事都被祂看透了，在神面前本來就應該誠實懺悔，我居然想蒙混過關，大概是神的旨意就是要懲罰不真誠的龍蔓王了。教堂裡有遊客也有教徒，究竟是

什麼驅使虔誠的教徒願意主動向上帝懺悔呢？是知道只要贖罪就會被寬恕，所以才願意告解嗎？是要對著一個眼睛看不見的對象才可以放下戒心，坦蕩蕩地將自己最真實的一面表露無遺嗎？

No offense，我理解的，面對現實世界的種種事情感到無能為力，唯有求神助，我不是教徒，但神也拜得多，大概這就是人性的弱點。

醜事三、四、五之「水魚王」[16]

威尼斯小路多又窄，路旁的小店琳瑯滿目，每間都好像頗有睇頭[17]，當然標價就更有睇頭，最深刻的就是那些漂亮得來又嚇人的面具。明知危機四伏，我卻還是中了奸商的圈套，走過小橋流水，見一間餐廳門外寫著龍蝦意粉18歐，美食當前自然失去常性，食完埋單那刻才發現伏已中，我居然完全忽略了餐牌旁邊的細字寫著「（每公斤計）」，騙徒的手法果然陳出不窮，犯了如此低級錯誤，抵做水魚。

第二天，在出門前我發現身上少了200歐，找了又找，翻天覆地，今次不是龍蝦，是大頭蝦[18]累事，我一時大意把錢亂放在行李裡，以為找回那200歐手頭就鬆動多了，誰不知那200歐轉瞬間就用來坐艇[19]了，來了一趟天價貢多拉，再飛了一程水上的士，果然是水魚。

那程水上的士其實是意外，話說在離開威尼斯那天，安排了搭當晚最遲一班火車前往米蘭。然而，回酒店取行李前，上了一架飛站的賊船就出事了，搞了好一陣子才成功跑回酒店取得行李，我們拖著唸在布滿人群的小路中穿梭奔跑，上氣不接下氣之際，望一望錶，尚餘二十分鐘火車就會開走。如果趕不上，就只能在威尼斯多留一天，等到第二天一大早

搭火車去米蘭，然後趕黃昏的飛機回港，說不好有任何延誤，隨時飛機都趕不上。當時即使用最快的方法，坐80歐的水上的士也大概需要二十分鐘才趕到車站，還未計走到月台和閱票的時間，隨時賠了夫人又折兵。旅伴提議留守不追了，我卻堅持盡地一煲，一分鐘之內我們決定勇往直前。

在水上的士的我，盯著那個好像比平日快十倍的時鐘在一圈一圈地光速轉動，然而Google map上的我們卻在緩慢地龜速移動，心急如焚的我不禁上前催促船長開快一點，但他卻漫不經意地說該水域航行有限速，知道80歐的大飛[20]不能飛，我的腎上腺素馬上直飆，最終船還未泊好岸，旅伴就已將行李一個一個拋上岸，然後先跳下船狂奔往月台，最終就在車長敲鐘示意準備開車那刻，我們剛殺到月台，幸好車長沒有太守時，夠鐘仍繼續吹多幾秒水[21]，多得那黃金幾秒，夠大嗌一聲「HEY！」，成功令車長注意到我們，才可及時衝入車廂，要是遲來幾秒，車就已經開出了，簡直險過剃頭[22]。

短短三日兩夜做了至少三次水魚：水魚食龍蝦、水魚坐貢多拉、水魚飛水上的，當時的我覺得被騙而心有不甘，然而，時到如今卻覺得心甘命抵之餘也被騙得超值，用錢可以買一個看清事實的經歷，還贈送此生難忘的生日。如果只靠眼睛去旅行，沒有親身經歷過，根本不會知道水鄉威尼斯一點都不鄉下，也不會體會到整個城市就正如戴了那個有威尼斯象徵的面具一樣，漂亮得來卻商業化得嚇人。疫情下的威尼斯由水城變死城，短期內連想坐貢多拉被騙的機會都沒有，加上沒有親身去過，也不會知道曾經網上瘋傳在威尼斯水域發現海豚和天鵝回歸的P圖有多像真，以為你玩P圖，其實P圖玩你。

#緊急關頭總係冇影相　#P圖的矛盾　#有圖都可以冇真相
#人人一把口一百種真相　#香港的真相？　#誰説得漂亮
#黑開有條路　#好似成個trip狂玩truthordare然後被迫無限dare

在意大利發生的連環7事[23]也夠樣衰了，但又如何？正所謂難得糊塗，才
是福。

每個人總有樣衰的時候，要每一次都大方承認自己樣衰，自己不足，自
己錯了未必容易，因為人總有弱點，也有陰暗面，甚至有犯罪的心理，
結果可能會用盡方法去掩飾或者逃避真相。人大了，思想複雜了，顧慮
也多了，面對和説出真相自然需要更大的勇氣，要是做不到，對別人説
美麗或者不美麗的謊言還好，因為的確有時真相也太嚇人，每每在挑戰

人的底線，可能情願真相被永遠埋藏，也不要讓別人受精神折磨。然而，對人尚可因為種種理由而不誠實，對自己呢？如果人人都連自己也蒙騙，那豈不是為已經分不清真相的病態社會帶來更多隱患？當一架貌似出現在玩具反斗城的玩具車都可以在高速公路上風馳電掣，當一個比新蒲崗[24]還要小的梵蒂岡都可以成為獨立國家，香港這彈丸之地又可會創造奇蹟呢？還是只能靠活在虛擬的烏托邦來圍爐取暖[25]嗎？又可能，不久的將來就已經與五毛[26]殊途同歸，連在虛擬世界玩《動物森友會》[27]的機會都沒有，那就是名副其實的虛擬和真實同樣了。

真相和盲目，都分別暗藏了一對「目」字，靠雙目看得見的是真相，還是令人更盲目？當分不清眼前是真相還是盲目的假象，你眼中的世界是黑白灰暗還是色彩繽紛呢？

1 「著草」解作穿上草鞋，引申為潛逃、逃難的意思。

2 「慳腳骨力」是省腿力的意思。

3 「有圖有真相」是近年常用句式，意思是單憑文字描述並不足以說明實況，但有圖片就能真相大白。潛台詞是文字不可信，影像更能反映「事實」。

4 「喼」是行李箱的意思。

5 「Fact Check」，直譯為查核事實，在香港社會運動期間被常用，以避免被失實的fake news誤導，散播錯誤消息。

6 P是修圖軟件Photoshop的縮寫，「P圖」指經過後期加工的修圖。

7 「放閃」指情侶高調公開甜蜜舉動的炫耀行為。

8 「chok樣」是潮語，原字為「擢」，形容人在拍照時嘗試令自己看似漂亮一點，擺出裝可愛或裝酷的表情動作。

9 「偽文青」是指流於外表形式，胸無半點墨，卻要裝文藝的青年。

10 「蝦碌」是大意犯錯或出醜的意思，譯音出自Hard Luck。

11 「技能解鎖」是學習或掌握了新技能的意思。

12 「沖涼」是洗澡的意思。

13 「龍躉」（深海魚的一種）是大屁股的意思。

14 「死死地氣」是不情願地，忍氣吞聲的意思，「走埋一二角」是走到旁邊躲起來的意思。

15 「夾硬」是硬著，「做手腳」是暗中耍手段的意思。

16 「水魚」（即鱉魚）指容易上當受騙的人。

17 「有睇頭」是好看，有值得觀看欣賞的意思。

18 「大頭蝦」形容一個人粗心大意，丟三落四。

19 「坐艇」一詞有雙重意思，可以照字面解作坐船，另可解作投資失利，股票有大虧損，所以資金被綁住不可以套現。

20 「大飛」泛指摩托快艇，以前通常用於走私或偷渡。

21 「吹水」是聊天的意思，「吹多幾秒水」等於閒聊多幾秒。

22 「險過剃頭」是形容在千鈞一髮之際，好險安全地度過了，因為「剃頭」本來就容易發生危險，一不小心就會剃禿，「險過剃頭」就是形容比「剃頭」更危險的事。

23 「7事」是笨拙或丟臉的事情，7是替代髒話單字的代名詞。

24 「新蒲崗」是香港一個小社區。

25 「圍爐取暖」指一群意見相近的人沉醉在自己的圈子裡，互相取暖，完全無視外界的意見想法。

26 「五毛」是指傳聞被強國受聘的網絡評論員，每發一帖便可獲得五毛錢（五角）的報酬。

27 《動物森友會》是模擬生活遊戲，自從有香港玩家在遊戲中製作各種抗爭運動的文宣，遊戲隨即在強國被下架。

C. for Co

ee **Break**

Coming of age

Capability

Connect the dots

Cliché

Critical thinking Charisma

Comfort zone Censorship Chok

Contradictory **CLS** **Cultural shock**

Confucianism

Chur **Choices at Crossroads**

Challenge the status quo

Classy or Clumsy Coincidence

Consciousness Crystal Clear

Childhood is a kingdom where nobody dies?

C9 Collective memory Collapsed

Capitalism or Communism Country Citizenship

Commitment Can-do spirit

Control freak **Carpe diem**

Climax **COVID-19**

Coffee, tea or me?

Confused

Colonialism

Courageous

Complicated

無限好夕陽

我為人好吃懶做，但說到旅行，卻比所有事情都積極。身邊有人會為策劃旅行感到煩惱，甚至會因為有另一半稱心編排行程而不得不曬命[1]，偏偏我卻是那種享受計劃行程的奇芭，而且仔細程度每每令人吃驚。

這也許是多年累積的職業病，總之做任何計劃都盡可能仔細，務求遇上老細[2]的提問都能及時解答。幾時、去邊、做咩、點玩、幾錢、玩幾耐、帶咩、幾點開門和打烊等都要一目了然，再配合全能的Google大神，預先將必去景點和後備景點按性質分門別類標在地圖上，務求捉緊旅程的每分每秒。又也許我打從心底裡就是個control freak，習慣主導行程，還是太揀尖揀擇[3]，無謂深究了，反正我就喜歡自己行程自己編。

話雖如此，並不是所有旅行我都會用同一個mode編排行程，有時我也很嚮往沒有行程的旅行，不受時間拘束，也沒有趕景點的包袱，身心得以全面放鬆，而且漫無目的隨時帶來更大的驚喜，所以偶然也會走向極端，go with the flow, no plan is a plan。希臘之行除了飛雅典之外，也安排了去Santorini和Mykonos兩個小島怡情，前半在Santorini chur到盡[4]，後半在Mykonos hea到爆[5]，簡直一次過滿足晒三個願望。

好多人話全世界最美的日落就出現在Santorini的Oia，難得可以親身去到捕捉「全世界最美」的日落，我事前當然做足功課。然而，試過在當地欣賞日落之後，個人卻對這說法有所保留，可能正如蘇軾話齋，「不識廬山真面目」，因為自己都走入海邊山崖成為了布景板，根本有景都看

不清。不過，當時亦嘗試過用不同的觀點與角度觀日落：

方法一，在一望無際的愛琴海上一邊潮玩直立板（Stand Up Paddling，又稱SUP），一邊划向夕陽。

方法二，遵照大眾所說，坐在布滿藍白色小屋的崖邊，在風車的陪襯下，慢慢欣賞夕陽直至黃昏。

結果，第一日，以為我玩SUP，但SUP玩我，尚算以三腳貓功夫勉強學曉，眼見同行的人有姿勢又有實際，站在浮板上全身挺直，乘風破浪仍然屹立不倒，有如裝了隱形摩打一樣。而我卻奮力地划槳也停滯不前，總是要彎起身來借力划深一點，好像掃地一樣，一點也不雅觀。夕陽無限，體力有限，在未能划到最有利的觀賞位置前，我的雙腿比太陽更早落下。既然太陽已經落了一半，唯有一邊坐著，一邊靜靜地漂浮在海上，眺望遠處隨隨落下的夕陽。最後，還勞煩了教練在天黑前划獨木舟將我拖走。

第二日，到了傳說中Oia的最佳位置。據聞Oia也有好幾個觀賞日落的熱點，我們先嘗試到其中一個，由於沒有預先霸位，現場已經人山人海，跟期待的畫面不太相似，於是決定駕車全速前進另一地點追夕陽。然而，繞了幾圈卻發現太陽已經在不知不覺間墜落了，在到達之時，天空已經只剩一抹晚霞，逐漸進入黃昏。

我能理解希臘何以被認為擁有全世界最美的日落。不得不承認希臘看到的夕陽出現在一片蔚藍的愛琴海上，加上在旁邊的懸崖，藍白色小屋和風車等景物陪襯下顯得格外耀眼。這幅獨特的構圖本身就很有魅力，更

何況遊客在景點看到日落那種豁然開朗的心境自然將畫面進一步美化昇華。不是說Santorini的日落不美,但對我而言,與其說它是美麗之最,倒不如說它是最有啟發性的日落。

驀然回首,即使是平日在香港看見的夕陽也有維港的陪襯,雖然不及愛琴海般無邊無際,水深海闊,但夕陽的光輝反射在旁邊高樓大廈的玻璃之上,海面也熠熠生輝,其實都很迷人。在有東方威尼斯之稱的大澳看著夕陽在布滿水上屋的海岸上出現,加上偶然出沒的中華白海豚作點綴,也同樣難忘。只是都習慣了,看膩了,然後便麻木了,忽略了。記得早前去過翻新重開的山頂廣場一趟,見到一家幾口的日本人都不禁語氣誇張,異口同聲地大叫:「豎哥移[6]!(Sugoi)」,當時的我對他們的驚嘆感到更驚嘆。其實,無論在香港的太平山,日本的富士山,還是意大利的威尼斯觀賞日落都同樣懾人,不是嗎?

希臘看日落教我的事,不是何謂美麗之最,而是在追尋最美好的同時,切勿對眼前不是目標的事情視而不見。理想不一定能達到,就好似希臘追夕陽一樣,「一追再追,只想追趕生命裡一分一秒」[7],結果在未到達之前,已經日落了,慶幸的是趕路的同時亦不忘欣賞沿路的風光。

追日落好比人生一樣,即使計劃再周詳都未必能按計劃實踐,而理想達不到難免感到可惜,但為了追尋理想而錯過了眼前,倒頭來發現「原來多麼可笑」,錯失了「真正目標」[7],才讓人後悔不已。

人算不如天算，日落不由人，但追夕陽的心境全憑自己控制。能夠結伴同行遊歷希臘，一起發掘新事物，在海上看日落，在車上與時間競賽，聽著「夕陽無限好」向同一目標進發，那不就已經很美好嗎？

「好風景多的是，夕陽平常事，然而每天眼見的，永遠不相似……」

（後記：那天在趕路追日落的途中，從車裡目擊馬路上的遊客在酷熱的天氣下騎著瘦骨嶙峋的驢仔，何其殘忍，卻又如此真實。有牠們陪襯的希臘夕陽畫面，個人認為反而是最深刻，最難忘的。）

1　「囉命」是炫耀的意思。
2　「老細」是「老闆」的意思。
3　「腌尖」是要求高，過分挑剔，難以滿足的意思。
4　「chur到盡」是耗盡全力做一件事。
5　「hea到爆」是懶散、不被約束、很隨便的意思。
6　「豎哥移」的廣東話讀音是日語「Sugoi」的諧音，是好棒，厲害的意思。
7　「一追再追，只想追趕生命裡一分一秒，原來多麼可笑，你是真正目標」出自香港著名歌手張國榮的經典歌曲〈追〉。

#一追再追的夕陽無限好　#天色已黃昏　#peoplemountainpeoplesea

#無牌駕駛
#新手船長 #captaincool
#自己大飛自己揸
#爽歪歪
#愛琴海兜返轉

#我唔鍾意同陽光玩遊戲
#你玩SUP_SUP玩你 #SitDownPaddling
#有隻腳仔跌落水
#你怎麼腳震 #休足時間在哪裡

#鐵一般的溫泉連接愛琴海
#啲鐵多到泳衣生銹
#紅水暖_藍綠水凍
#溫泉旁的迷你白教堂
#斜陽落下心中不必驚慌

脫毒吧，十分西貢的眞深交

2015年6月·台北；2016年7月·胡志明市

萬事起頭難，每一篇文的開首總是最難落筆的，心裡有一點想法，卻不知從何說起，就好似初出茅廬的職場初哥[1]，滿腔熱誠想做好自己份工，卻不知從何入手一樣，起步不容易。兄弟爬山，各自努力[2]，有同路人一起經歷，路再難行也感覺沒那麼孤單。眼見同伴被片[3]，自己果然也跟著被片，但當有人和自己一齊被片，難受的感覺自動減半，然後圍爐[4]共勉之，關關難過關關過。

想當年，我們仨的關係大概就是這樣開始，不過，我們不只是一同「行山」的小薯，嚴格來說，我們是敵也是友，畢竟是同一屆的MT（見習管理生），加上銀行的環境更見功利，競爭是少不免的。我們都有幸曾經在同一時間跟過同一位老細[5]SM（不要誤會，SM是老細的大名），然後被同一音頻的聲線炮轟過，大家同是天涯淪落人，也許這就是世人口中的「識於微時」吧。

在三個人當中，無論在思想或言行上，自問我都是比較跳脫的異類。他們倆在工作上積極進取，渾身是勁，勇往直前，是名副其實的行動派，相比我這副懶骨頭卻異想天開，諸多詭計，以柔制剛，反正就想用最省力的方法完成任務。果然，同一作風在我們一起旅行時也表露無遺。

起初為怕傷感情，有自知之明的我堅決反對三人遊，即使他們不介意遷就，我也不想讓他們遷就。最終由於行動二人組鍥而不捨地說之以動之以情，為免因為一己私慾而拖累不能成事，我唯有真誠地作出E

有兩條廢腿的警告，興致勃勃的行動二人組欣然地接受了，我們仨便約好一起出走。

話雖如此，我的隱憂並沒有被釋除，明明一個一輩子從未吃過街邊魚蛋，一個夜晚未夠十一點會自動熄機[6]，一個平路行不夠廿分鐘就會腳軟，早過八點起身又會神智不清，究竟是要如何一起三人遊呢？四肢乏力的我又如何跟打慣網球、做慣尖[7]的他們步伐一致呢？她喜歡買嘢，他喜歡貴嘢，我卻喜歡玩嘢，走在一起是可以做乜嘢[8]？在未想好如何應對這些問題前，我們先要決定目的地。受假期和金錢所限，最終決定了快閃台北，重點是萬一鬧翻了，各自回家也容易。

對於行程的安排，我幾乎零參與，光明正大做free rider[9]。懶是本性，不過今次絕不是出於躲懶，只是明知在旅途上可能會被他們倆多番遷就，我還是不好意思再加意見。況且台北也不是未去過，行程其實不是重點，因為印象最深刻的往往不是旅途上的任何一個景點，而是在當地發生的無聊小事。

早起的鳥兒有蟲吃，行動二人組安排了一早出發到洪瑞珍排隊覓食。然而，那一刻的我更相信早起的蟲兒被鳥吃，最終選擇了爭取時間休息，再睡一睡，事關睡不夠的話吃什麼都沒胃口，還說在炎炎夏日下排長龍，隨時未排到就先暈倒，記住，休息是為了走更遠的路。事隔兩小時，行動二人組排隊食過三文治早餐，而我呢？試問有什麼比享受充足的睡眠，然後被外賣咖啡的香味喚醒，足不出戶坐在冷氣下嘆新鮮的三文治更幸福，簡直不得不承認自己太無賴XD。

那天我們到了十分放天燈，離開十分前打算買小天燈紀念品，明明從街

頭到街尾都是賣小天燈的店舖，偏偏他們就選中了那間有隻大黑狗在門外虎視眈眈的小店，我隨即掉頭走了。為了不打擾行動二人組的雅興，我坐在店門前的地方等待。誰不知等到天荒地老還不見人影，於是再到店裡尋人，都不見他們的蹤影，唯有四處逛逛，突然他們從後撲出，然後一臉擔心地說我差點把他們嚇死。其實，我明明不是故意的，但卻很有惡作劇的感覺，像是小孩教訓忘形購物的家長一樣，心裡不禁暗爽，嘻嘻：P。

旅行其餘的時間基本上都是行行企企，食飯幾味[10]，食飽行夠就回酒店休息，一回到酒店，行動二人組總會爭分奪秒做些有意義的事，他安排行程，她清潔臭襪，沒有腰骨的我則二話不說，先攤一攤[11]。夠薑[12]將真性情表露，在對方面前以素顏示人，對著大家敷mask按摩，人生應該沒有幾個這樣的同事吧，還居然有男同事（利申：他不是hehe[13]）。幾天的時間過得很快，旅途比想像中順利，至少我們沒有爭執不和，我的無力和無賴尚算沒有觸怒行動二人組，當然全賴他們無限包容。

旅途上的趣事源源不絕，我反而想說沒趣的事掃一掃興。一向去旅行我都會自動進入飛行模式，與世隔絕，因為要盡情地Disconnect才可以Reconnect，好好把握時間享受得來不易的Quality time。大概這離地思想已經與時下年輕人脫節，包括眼前兩位比我細一年的年輕人，都總有機不離手的時候，我卻是刻意抽離社交媒體，怕越沉迷社交媒體，就越容易抽離現實社交生活。不過，跟同齡的Taylor Swift相比，自問也沒有資格說太多，試問誰會刻意在社交平台不follow任何人，朋友follow你，你follow朋友，禮上往來是基本。其實，在follow的不是人，而是一種在恐怖地蔓延的意識形態。當全世界在同一個框架，用統一的模式與千變萬化的人種相處，然後促成這股風氣不斷擴散蔓延，其實是很可悲的事。

隨口都可以説出社交媒體的一百個好處，但當追post、點讚、打卡、放閃、呃like[14]、刷存在感變成戒不掉的習慣，然後所有人都在同一個框架下照單執藥[15]，又有什麼意思呢？明明我們已經在跟著社會的模具被塑形，然後步伐一致地走上了金融這條路，再不約而同地用同一個Outlook扮friendly去send同一句friendly reminder，現在連在公事以外，人與人的相處方式都被公式化，實在慘過例行公事。再有個性都只會變得沒有個性，無窮小宇宙都只會被壓抑，連創意都因為不加思索而變得有限度，彷彿使人都變成了沒有靈魂的癮君子，定時困在同一個被監控的地方上電，假以時日再漫不經意被引到另一個地方，走往一個接住一個的半真實半虛擬世界，今天濫用，他日攬炒[16]。除了多謝全球一體化，還可以説什麼？難道周遊列國可以脱離用iphone影相，不在面書ig打卡，不用Google map搵路？不用多謝蘋果，多謝面書，多謝谷歌，先多謝自己，有份一手一腳養大這些全球一體化的大贏家。是的，引領「潮流」，誰能抵擋，脱毒[17]找深交？用少一陣都真心膠[18]。

銀行從業員就是假期多，所以在順利完成了第一次的三人遊後，就陸續有第二次了。為求更投入旅程，今次我堅持選一個大家都不曾踏足過的地方，最終去了西貢，又名胡志明市。

對於越南的第一印象就是熱，感覺有接近四十度，當地人居然還可以在烈日當空下，穿著皮褸冷衫[19]英姿颯颯地飆電單車，街上又不時有婀娜多姿的小蠻腰穿著貼身的越式長衫長褲優雅地飄過，身穿短褲踢拖兼手持風扇仍爆汗的我看得有點傻眼，頓時覺得自己好像變成了在冬天穿短袖的外國人一樣。

憑上一次遊台北的經驗，已經證實了我仁唯一的共同興趣就只有食，

於是去越南的重頭戲就是食食食食食，一日食足五餐才達標，簡直越食越肚餓。

透明包書膠塗上牙膏在口腔中咬牙切齒的感覺實在令人一試難忘，徹底地顛覆了我們對米紙卷的認知。越式滴漏咖啡的癥結不是在於品嚐咖啡壺的滴漏精華，而是在於細味滴漏期間與三五知己分享的生活點滴，學習放慢腳步，感受慢活。在路邊攤食地踎[20]生牛河令人回味的不是那碗牛河，而是三人集氣才有那份豁出去的勇氣，大概這就是我們仨合作無間的化學作用。

跟行動二人組走在一起，我無辦法不覺得自己一無是處。上手殘[21]烹飪課眼見他們倆積極煮餸食飯，我卻悶到發霉，這種零創意的倒模式學習實在令我提不起勁。在湄公河泛舟到蜜蜂養殖場，行動二人組成功闖關，我卻弱得怕被蜜蜂圍剿[22]而極速逃跑。唯一挽回我丁點自信的就是稍為輕盈一點的身形，這很重要，要不然摸黑擠進危機四伏的古芝地道，身軀龐大一點都隨時被卡住在地底而缺氧身亡，或者被迫聞前者的臭屁而中毒窒息。

我很懶，但我很清楚不是所有事情都可以懶，維繫感情就是其中一種。我一直都怕旅行買手信派街坊，但更怕收朋友的手信，一來怕沒完沒了的禮上往來，二來怕收了不實用的廢物又未能斷捨離[23]，唯獨行動二人組可以令我堅持買手信，不是因為他們在旅程中購物令我對買手信這件煩事改觀，而是他們為派手信賦予了多一重意義，讓今天各散東西的我們仨定期一聚，令我們的谷[24]不致跌落谷底，也不只靠社交媒體了解近況。世事難料，沒有人知道這樣的手信聯盟可以維持多久，畢竟我相信緣分有盡頭。

胡同
#鮮肉燒鮮肉
#被鮮肉燒嘅鮮肉
#港女見到鮮肉燒鮮肉
#鮮肉見到自己燒鮮肉

#早吃的蟲兒被鳥吃

#無老鍋

#食養山房

#小天燈

#幸福在身邊

#下筆如有神

#socialdistance
#我們的社交距離

#404notfound
#對不起但願天燈沒有傷及無辜

旅行當天的他還是單身貴族，四年後的今天已經成家立室了；而她呢，記得在睡前的girls' talk，她還憧憬著與另一半的未來，四年後的今天已經準備出嫁了，只是新郎另有其人。人生太無常了，除了珍惜眼前，把握現在，也許可做的真的沒有太多。

誰也不知道誰會在何時何日突然404 Not Found，在Disconnect之前，要多多Reconnect。

1 「職場初哥」是職場新人的意思。
2 「兄弟爬山，各自努力」是在社會運動期間的常用句，意思是即使採取不同的策略和手法，手足也可各自在自己的崗位上盡力而為，團結一致。
3 「被片」是被罵，被批評的意思。
4 「圍爐」指一群意見相近的人沉醉在自己的圈子裡，互相取暖，無視外界的評論。
5 「老細」是「老闆」的意思。
6 「自動熄機」代表進入休眠狀態。
7 「尖」是「gym」的諧音，健身的意思。
8 「做乜嘢」是做什麼的意思。
9 「free rider」解作坐順風車的人，引申為坐享其成的人。
10 「行行企企，食飯幾味」是諺語，意思是走走停停、吃飯來來去去只吃幾道菜，代表做的事很普通，沒甚麼作為。
11 「攤一攤」是躺下休息一下的意思，攤有打平擺放的意思。
12 「夠薑」是夠膽的意思。
13 「利申」是網路上利益申報的縮寫，有表明立場或增加說服力的用意；「hehe」代表兩個男的，解作男同志。

14 「打卡」是簽到的意思；「放閃」指情侶高調公開甜蜜舉動的炫耀行為；「呃like」是用盡方法吸引別人點讚的意思。

15 「照單執藥」的原意是按照藥方抓藥，在這裡的意思是按既定的框架填充內容。

16 「攬炒」是與別人一起同歸於盡的意思。

17 「脫毒」一般指脫離毒男行列，這裡的「脫毒」其實指「數碼脫毒」，戒用手機的意思。

18 「膠」指不智，沒有常識的人，「真心膠」指完全發自內心的不智者，而非大智若愚。

19 「冷衫」即毛衣。

20 「地踎」是街邊，蹲著的意思。

21 「手殘」即手腳不靈活或者笨拙的意思。

22 「圍剿」是圍攻的意思。

23 「斷捨離」即是斷絕不需要的東西；捨去多餘的事物；脫離對物品的執着。

24 「谷」是group的諧音，群組的意思。

#年假係要同同事一齊疊住清嘅
#同事變同伴
#各散東西

#白衣人好斯文　　#綿羊仔陣

145

湄公河

粉紅教堂

#米紙卷
#牙膏味嘅透明包書膠
#真心膠

#人手製米紙

#以為曬包書膠

146

#慢活　　　　　　#地踎生牛河
#將生活slowmo

#札肉不是糭　　#真人夾住band_濕住身玩水上扯線公仔

C'est La Vie···

浪漫與偏見

原來,我犯了罪,在法國,那條叫不浪漫罪名。

話說自懂事以來,我對法國就情有獨鍾,初中時期就已經按捺不住,求父母送我單拖[1]去法國文化協會學法文,連「越位」都未識睇就要買波衫捧法國贏世界盃,人生第一次出bonus[2]就要飛巴黎朝聖,到今日當同事都在指責法國人工作不分莊閒,我卻暗地裡仰慕他們,實在連自己也解釋不了這情意結。以往盲撐可能純粹因為膚淺地欣賞那五顏六色的法式馬卡龍、港女至愛的香奈兒愛馬仕,還有蒙羅麗莎的微笑等等。美酒佳餚,潮流時裝,建築藝術,無一不精,後來漸漸發現自己對法蘭西的愛已經不只是留於表面的一見鍾情,更不知不覺地進化成日久生情的die hard鐵粉。

不少人都說法國很浪漫,在親身踏足法國之前,我就已經被「法國很浪漫」的說法瘋狂洗腦,所以未落機就已經自動波進入浪漫mode,將不知從何而來的浪漫情懷投射在一事一物上,單單巴黎鐵塔就已經夠打足一日卡,浪漫放閃無極限,總之連爛銅廢鐵都顯得浪漫過人。弱弱一問[3],說「法國很浪漫」的人,從何見得法國很浪漫呢?

我這樣說不是認為法國一點都不浪漫,相反,我確實認為法國可堪稱浪漫之最。先輕輕拋半個書包,以前讀文學略為接觸過浪漫主義,籠統地說,浪漫主義就意味著作品重視個人情感的表達,打破以往墨守成規的框框。現代社會雖然對浪漫沒有明確的定義,但一般人的理解都有某些

共通點，好像自然會聯想起「情侶」，「甜蜜」等關鍵字。個人認為浪漫的本質或多或少離不開浪漫主義，至少同樣都著重表達主觀的個人情感。

記得在巴黎，我曾經見過一雙一對的情侶於老佛爺百貨公司的空中花園草地上滾來滾去，全情投入於纏綿遊戲，旁若無人；在餐廳裡，見過情侶幾乎每十秒就接吻一次，彷彿桌上的食物是配菜，法式濕吻才是主菜；又試過在二人撐檯腳時，多次遇上有人亂入兜售紅玫瑰。這些在香港較少見的舉動都可能被視為「浪漫」的體現，但我認為法國人的浪漫根本沒有一種形式，而是骨子裡的一種態度，兩個字，「隨性」。

假如在巴黎街頭上留連，不難發現空氣中隨時散發濃烈的尿壓味，街上不少私家車都鋪滿塵，而且巴黎人泊車可以猖獗得明知兩車碰撞，車與車之間只剩下幾厘米的距離都一於少理。當然，這些行為完全不守紀律，欠缺公德心，骯髒又影響市容，但我會選擇解讀成他們都習慣隨心所慾，不輕易被規範，不受拘束。這不是空口說白話，對於法國人的隨性，我算是有一些體會。

#沒有最貼，只有更貼　#泊車貼住泊是常識　#連車都泊得親密過人

#脫衣舞@紅磨坊　#源於紅磨坊的豔舞　#未夠秤都睇得
#細細聲話你知　#細細個就揭起條裙表演騷大髀跳嘅巴黎can can舞

話說紅磨坊以脫衣舞聞名，幾晚經過都見大排長龍，後來發現無須任何
手續也可先取籌預約當晚的場次，我當然先取為勝。可惜，當天晚飯後
有點醉醺醺的感覺，本來打算回到酒店先小睡片刻，然後再到紅磨坊看
表演，但結果情不自禁地睡到天光，一不小心就放飛機[4]了，一覺醒來還
在擔心放飛機的後果，最終卻好像沒事發生一樣，第二天成功入場。假
如事情發生在日本，應該遲到不出五分鐘，就已經被奪命追魂call了，
如果臨時缺席，更會被鄙視，相比之下，這種無壓力的放飛機來得太爽
了。後來，在工作上有機會與法國人接觸，發現他們實在不擅於提早規
劃和管理，即使計劃了，都長期有鋪玩即興的癮，最後關頭改變主意乃
家常便飯，放飛機也自然是雞毛蒜皮的小事。不過，這不代表法國人隨
和又隨便，只是他們的執著不在於此。憑我的認知，他們對藝術有強烈
的堅持，幾乎任何規則都不能阻止他們對美感的追求，簡直將藝術家的
性格表露無遺。這種就是法式浪漫，香港人，識條鐵麼？

只能説浪漫是需要條件營造的，香港人日日OT[5]趕死線，開門做生意大過天，又豈有漠視規矩的勇氣，即使公司放過你，業主包租公會放過你嗎？打工仔畏首畏尾罷工一天都幾乎是極限，根本不能與慣常玩罷工放題，發起唱「問誰未發聲」的法蘭西民族相提並論。法國普遍工時短是常識，但沒有親身經歷過，都不知道自己一直低估了他們。

還記得千里迢迢去到巴黎近郊的香檳鎮Épernay，品嚐過當地出產的香檳Moët & Chandon，在酒莊住宿一宵後，打算到一間專賣注滿香檳的酒塞型手工朱古力店買手信。我們中午抵達小店，想不到六月分光天化日，他們居然已經休息了。仔細一看門外的營業時間，原來小店十時開門，十二時午休，二時重開，四時關門，屈指一算，每天工作四小時。在香港打開門做生意的，除了醫務所和寫字樓之外，甚少會在午飯時間休息，也想不到哪一間公司每天只辦公四小時，工時比兼職還要短。再諗深一層，人人都搵食，唔通真係人人搵到都有得食[6]？自問我都試過無數次因工作而廢寢忘餐，確實想起都悲哀。明明食飯是基本生存之道，客人食飯，東主都要食飯，為何會因為東主食飯而大驚小怪呢？我真心佩服法國人的生活態度。與其將一天大部分的時間投放在工作，何不多花時間在自己認為有意義的事情上，及時行樂，好好享受生活呢？我絕不否定工作有其樂趣和意義，也有人寓工作於娛樂，但個人認為，人生有太多值得關注的事情，終日埋首工作而忽略了工作以外的其他事情，work life得不到balance，即使在工作領域上取得多大的成就，人生都不夠完整。有時間就有本錢，難怪在法國食晚飯，動輒都兩三個小時，摸著酒杯底促膝談心，何其寫意。可悲的香港人隨時食飯三個字都嫌多，又何來時間和空間談浪漫呢？

香檳酒莊導賞@Moët & Chandon Épernay
#呢獲真係要開香檳慶祝　　#儀式感大增　#香檳區出產先可以叫香檳
#香檳是我的醉愛　#Cheers　#唔飲都浸返個香檳泡泡浴　#浪漫滿瀉

酒店露台的葡萄園景觀

#港女好西食不完   #BonAppétit

#冇食過海鮮拼盤等於   #好大篤魚子醬   #半塊面咁大嘅馬卡龍   #只吃法國藍青口
冇嚟過法國   夾Raspberry

#超大片黑白松露   #鵝肝大過塊麵包

#食完好complete嘅La Complete   #名物鴨髀

提起食飯，不得不提法國和香港的飲食文化大不同。平日香港食飯點菜，除非是自助形式，一般都習慣了揮手請人落單，但普遍在外國，甚少有客人揮手或者直呼侍應點菜，當地人只會等侍應主自動走過來落單，作為欠缺耐性的香港人，自然等得不耐煩，唯有主動用視線追蹤侍應，然後製造一個眼神接觸。至於侍應落單時，往往第一句都會先問客人需要什麼飲品，由於平日太習慣用茶記[7]方式點菜，加上自動預設有茶水供應，本能反應會先決定主食再考慮飲品，所以起初每次侍應前來先問起飲品都啞口無言，完全忘記了入鄉隨俗，將點菜次序調轉。對他們來說，飲品是開場白的點綴，一邊飲一邊吹水[8]，吹到差不多才開始點菜，而在法國飲酒比飲水化算，所以幾乎每餐都無酒不歡。旅伴和我嘗試融入這種飲食社交文化，學習飲食不是以果腹為單一目的，慢慢細味三小時的飯局。只能説我們車尾燈都未見，先是比不上的酒量，再是食量，繼而是芝士量，最後是耐性，通通都望塵莫及。

曾聽説不少人都覺得法國人很傲慢，黃皮膚去法國而不會説法文就要有被歧視或者被不禮貌對待的心理準備。沒想到一連七天的法國之旅居然沒有遇上這些情況，所以是傲慢還是偏見呢？我不知道。不過，在工作上，我曾經有幸參與一項算是由法國人主導，在香港舉行的大型活動，在賽後檢討，他們被斥在「正苦」要員同場期間，陪同的職員多次以法文交流，對港府不尊重。對此，法國代表回認指出作為主辦機構的他們以法文為母語，也不能控制員工不説自己的母語。大概這算是人們眼中法國人的「傲慢」和「不禮貌對待」，但我卻認為這是難能可貴的骨氣，不向權貴低頭，堅持説自己的語言，談何容易？作為普通市民，我是多麼渴望能以自己的民族為榮，理直氣壯地向外展示自己的「傲慢」，而不是閃縮迴避，甚至感到羞恥。當然，職場上遇到這種情況，只能慨嘆「Whoa-oh-oh-oh-oh Caught in a Bad Romance」，然後公事公辦，以大客身分大條道理指責對方不尊重合作伙伴的缺失。

可能是偏見，出自我口中的法國，好像一切都由缺點變成優點。不過，我不是想表達法國人做什麼都好，也不是刻意比較來抬舉法國人，貶低香港人。我花了一段時間思考自己對法國的盲目鍾情從何而來，後來，謎底終於解開了，我發現，旅伴身上有種法國人的特質。無論是法國也好，旅伴也好，可能我就是會被跟自己完全相反的另一極端所刺激，加上鍾情享樂又是我們的共同興趣，就連這點都似足法國國民性格。我說，這就是屬於我的浪漫與偏見。

有點難理解吧，總之，大時大節到極有情調的地方慶祝，在巴黎鐵塔下送花求婚都算不上浪漫，有靈魂的浪漫是謝絕形式化，是拋低理性和邏輯系統，是捉不到的隨心所欲，即興起來想做就做。我有自知之明，深知自己本性難移，就是自己做不到才格外欣賞，做不到所以犯了不浪漫罪名，這當然也是我對浪漫的偏見罷。

#巨型後花園　#路不但要走得比人遠　#還要比人快　#靠的不是一雙腿
#也不是堅毅不屈的意志　#而是四個轆

凡爾賽宮
#租golfcart自己揸唔使好天曬落雨淋　#軟腳蟹恩物

1　「單拖」是獨自，一個人的意思。

2　「出bonus」是公司發花紅的意思。

3　「弱弱一問」是網路上發問會用到的，「弱弱」一字欠氣勢，通常是新手提問前會加的字句，有謙卑的意味。

4　「放飛機」是爽約，放鴿子的意思。

5　「OT」是超時工作，加班的意思。

6　出自阿嬌的金句「個個都拍拖，唔通個個都想拍拖咩」，句式被應用到不同場合。「搵食」字面解作找東西吃，也引申為靠工作來賺錢糊口。此句意思是人人都工作賺錢，莫非真的所有人都賺到錢就有飯吃嗎？

7　「茶記」是茶餐廳的意思。

8　「吹水」是閒聊，聊天的意思。

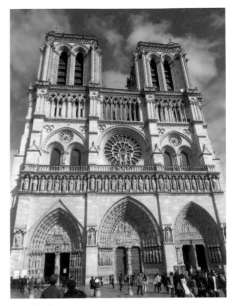

聖母院
#燒焦了

羅浮宮
#尋找蒙羅麗莎的微笑

凱旋門
#香榭麗榭
#有史以來見過最多出口嘅迴旋處
#一定數錯

美婚妻

18、22、29+1、？

這一組不是數字，是不少港女的black magic，明明心裡知道，卻不輕易說穿。

曾幾何時對自己的29+1充滿幻想，卻發夢都沒想過我的29+1居然有九成時間都宅在家中度過，抗疫抗到開始懷疑人生。

還好一直沒有將三十歲視為結婚死線，身邊認識不少趕尾班車的人，不惜婚後分居，或者交友app會友，再極速閃婚都已是平常事，總之就各出奇謀，向剩女[1]說不。可惜萬萬想不到一場疫症降臨，被命運選中的戀人一不小心被打亂了人生大計，搞不好就好像人生多了汙點一樣，因為只有三十歲前趕得上死線才是贏家。我只想說，少年，你太年輕了[2]，如果婚姻不是愛情的墳墓，29+1也不會是女生的終點，難道林志玲、林嘉欣、林心如這些女神都是流[3]的嗎？將起點當成終點的人注定輸在起跑線，哈哈！

世紀之疫令不少基金表現插水[4]，人情基金[5]卻逆市造好，這幾年被紅色炸彈[6]炸到內傷的我終於可以鬆一回氣。我想分享暫時來說最昂貴的一次婚禮，不是指新人的洗費，而是個人手筆最大的婚禮，留意返，一對新人最終一毫子都沒到手。無他，我認識的這位美婚妻雷文在波士頓生活，所以婚禮也是在當地舉行，單單參加婚禮的成本就已經夠出席幾十次港

式婚宴，當然順道也去美加打個轉才值回票價。

大鄉里出城參加正式的海外西式婚禮實在有點興奮又緊張，單單人情和dress code都已經摸不著頭腦，平日參加的港式婚宴，人情有公價，衣著也有概念，西洋玩法我又識條鐵麼[7]？

沒想到婚禮的前菜居然是牛肉乾[8]，價值二百多美元，要是可以吞進肚裡的還好，眼前的卻是吃不到之餘還要打包回港處理，實在是婚宴未開始就已經飽了大半。事緣是婚禮在郊區舉行，當天旅伴和我遇上塞車已經遲大到，正當望見酒店門口準備踩入去之際，突然被靜悄悄埋伏在路旁的警察截停了，完全沒有留意到郊區的車速限制異常地嚴格，接過超速牛肉乾後就馬上飛奔到場地了。

旅伴和我維持了我們一貫Timeless的作風，成為了最後兩位到場的賓客。在婚宴正式開始前，一對新人隨性地走到每張檯跟來賓交流，連影相也是亂入的，酒店的宴會廳沒有華麗的舞台和布景板，也沒有大會安排逐一到台前影大合照，說穿了連台都沒有，但場內隔著落地玻璃的臨海景緻絕對有過之而無不及。單是每個座位都擺放了刻有來賓姓名的木塊就可見誠意十足，大概是方便外國人跟旁邊不認識的人搭訕吧。在新人前來打招呼的不久之後，晚宴隨即開始了，錯有錯著，遲到省卻了不少無謂的派對社交。

在這裡，婚宴開首播成長片段不是基本，雷文的婚宴由First dance揭開序幕，跳過舞再切過結婚蛋糕後，新人就到他們倆專屬的圓桌撐檯腳，我吃飯時他們也吃飯，他們隨時比我吃得更從容自在，一直到晚宴中途的問答環節，主要是讓來賓更認識新人，最後由新娘拋花球然後邀請賓客

一起共舞。被安排與姊妹團同檯的我們避無可避，不得不加入一同帶動氣氛，措手不及的旅伴和我只好豁出去，在眾目睽睽之下，雞手鴨腳地跳了有史以來的First dance，勇舞的我們顯然與其他人步伐不一致，沒關係，正正是兩個人都手腳不協調，走在一起也就很協調，只要跟自己的拍檔步伐一致，世俗的眼光又有什麼好在乎呢？擺明就是打破了和諧一致的畫面，又如何？

有別於港式婚禮做騷一樣，一對新人只是象徵式地換了婚紗和韓服各一套，而整個婚宴有不少機會和他們互動，平日在香港赴宴與侍應的交流比新人還要多，至少侍應比新人更關心你。這次的美式婚禮當然也有儀式環節，但即使遲到，都有和新娘吹水selfie的時間，至少覺得自己也有份投入參與婚禮，而不是疏離地來個飯局，做觀眾充撐場面。例牌的「招呼唔到」其實是事在人為，重點是根本說這句話的主人家一開始就沒打算好好招呼賓客。這一次的婚禮上當然沒有人說「招呼唔到」，不是語言障礙的緣故，而是當招呼夠周到，又何需說這種客套話呢？

雷文和我在婚禮的尾聲短聚後，我們就此道別了，這次一別，未知將來是否還有再見的機會。以前總是經常忘記好好的道別，可能說再見的那一刻根本沒有想過有機會是最後一次的見面，然後上一次見面的印象開始日漸模糊，不知不覺就永別了。友情要long d經營一點也不比愛情容易，可能是她成為了人妻的緣故，當時有比較強烈的感覺，可能之後再也沒有面對面相聚的機會。

女生可能或多或少都總會憧憬自己的婚禮，花點時間去籌備，就好似小時候總會玩過煮飯仔，扮過公主或喜歡粉紅色的天性一樣。我看得出雷文也花了不少心思籌備婚禮，不過與港式婚禮相比又算得上什麼，不少

香港結婚的夫妻由婚前到婚後不惜花上海量的金錢和時間，是為自己，為對方，還是為家人呢？可能自己也不知道，但都不太重要了，畢竟一生人一次（希望係），但求好睇[9]不失禮。港女戴著求婚鑽戒鬥大放閃，影pre-wedding影夠兩輯是基本，還要海外拍攝才見得人，不擺酒猶自可，擺酒的話就繼續為上演大龍鳳[10]而奔波，弟兄姊妹全情投入事前準備，基本上以人有我有的原則就會辦得妥當了。即使明知只是換對主角，用同一角度堆砌一樣的畫面，都要製作那千篇一律的出門精華片段，真是「是他也是你和我」[11]。

人人適婚，唔通人人都真係識婚[12]？婚完又離，離完又婚，只能說一紙婚書的意義因人而異，婚禮的安排也是豐儉由人，將一切公式化，或者評價別人其實沒有太大意義，反而找到適合自己的方向才是最重要的。個人認為如非為生兒育女，結婚其實是一件Timeless的事，再說，在今天的香港生兒育女究竟是滿足自己，還是滿足兒女呢？

在我的人生規劃中，結婚從來都不是廿五至三十歲的目標之一，除了結婚之外，未嘗試過的第一次多的是，婚後的責任都準備好承受了嗎？人妻的偽術都學會了嗎？捨得離開把我寵壞的避風港嗎？更何況今天即使有生育困難，領養絕對可以是一個選擇，試問有什麼比領養，然後產假照放，又無需為身形走樣[13]而煩惱更爽皮[14]呢（將來找工作記得留意一下領養福利哦）？

很多人說，拍拖幾年就好結婚，不然合久必分，我不知道是誰定下這潛規則，假如相愛六十年，留一半時間拍拖過二人世界，留一半時間過婚姻生活呢，拍拖夠三十年才結婚又如何，注定是loser嗎？與其定三十歲的死線追婚，不如抱緊眼前，緣分到了自然分也分不開，緣分未到也就婚

也婚不了，大概我是佛系情人吧，儘管催婚吧。

人生太無常了，及時行樂，隨心所欲才是最重要，學習跟自己的步伐，走適合自己的路，盲目跟隨別人，沒有靈魂地走別人認為適合的路又有何意義？我實在不明白適婚與否為什麼單憑一個數字就可以斷定，莫非這也是傳說中的毅進制[15]？

Carpe Diem[16]！

#「美」女郊遊遊@Cape Cod

#到適婚年齡就識婚？　#不是人妻就是剩女?

#隨心所欲
#跟自己步伐
#女人我最大

#招呼唔到咪亂講

#伏已中　　　#Cape Cod 的婚禮　　　#感恩重遊舊地沒有物是人非

#緣分到了自然結婚　　　#珍惜每一次的道別

不行的旅行

1　「剩女」指過了所謂「適婚年齡」仍然單身的女子。

2　「少年，你太年輕了」是網路潮句，帶糾正錯誤的意思，也有先入為主諷刺年輕人思想不成熟的意味。

3　「流」即假的，在這裡有無視的意味。

4　「插水」源於跳水運動員垂直入水的動作，也引申來形容本來狀態甚好，突然間變差的情況。

5　「人情基金」即紅白二事的禮金或使費。

6　「紅色炸彈」即喜帖。

7　「識條鐵麼」是潮語，直譯是「懂甚麼?」，解作甚麼都不懂的意思。

8　「牛肉乾」可以指食用的牛肉乾，也可以是交通罰單或告票。

9　「好睇」本來解作好看，在這裡有得體的意思。

10　「大龍鳳」原意是粵劇大戲，引申為故意做場好戲給別人看。

11　此句為昔日經典名曲〈狂潮〉的歌詞，由音樂鬼才黃霑填詞，樂壇教夫顧家輝作曲。

12　出自阿嬌的金句「個個都拍拖，唔通個個都想拍拖咩」，句式被應用到不同場合。此句意思是人到達適婚年齡，莫非就等於搞懂婚姻這回事？

13　「身形走樣」是身材改變的意思。

14　「爽皮」是很爽的意思。

15　「毅進制」是社會運動期間出現的字詞，諷刺警隊學歷不高，表達對警方估算遊行人數失實的不滿，「毅進」是香港專上文憑課程，部分警員畢業於毅進。

16　Carpe Diem出自拉丁詩文，解作「Seize the Day」，有活在當下，把握光陰，及時行樂的意思。

香港郵輪碼頭

Bizarre **Bittersweet**

BFF Blow water **Bipolar** Be water
Bon voyage Borderless

ehave yourself Bloody Black and White **Break my back**

B. for Bedtime Stories

Bilingual **Balanced life** **Bottleneck**

Bureaucracy sucks Betrayal

Backpacker? **Be bold** Burden

Bliss and Blues Belief Bonding

Brave move Battlefield **Boring routine**

Bewildered Bottom line

Brainstorm

Broaden my horizons

Breakthrough

Bygones are not just bygones

Back to the Basics

Blank space to Breathe

變態的66度北

2018年11月・冰島

冰島，在多年前聽人提起這個冷門地方，感覺是個冷冰冰的荒島，疑似是與世隔絕的真lonely planet。作為又怕凍，又有野外恐懼症的都市人，冰島根本不曾出現在我的「集遊」清單，會去冰島完全是錢作怪和衝動所致。

典型的香港人好像總是有種不斷征服日本的決心，本來一心想去北海道滑雪，奈何飛往比北海道更北，在地球66度北的冰島居然更廉價（不要誤會，我不是地理I[1]，只是去過冰島的人大概都不會對66度北陌生，皆因66度北是冰島人的國民品牌），重點是有可能隨機附送極光，於是旅伴和我秒速轉軌[2]，踏上了這趟畢生難忘的破冰之旅。

很多人説夏天是前往冰島的最佳季節，然而遊覽沒有冰的冰島，總有點失真的感覺。打工仔年尾清假幾乎是指定動作，剛巧又是冰島入冬的季節，那frozen的感覺就對了。然而，旅遊達人建議缺乏雪地駕駛經驗人士應避免在冬天自駕遊冰島，11月開始轉季，天氣會更變幻莫測，即使自駕遊，也盡量不要開往天氣較不穩定的東邊。年少難免有點輕狂，旅伴和我自恃有丁點的雪地駕駛經驗，就絲毫沒有半點猶豫，帶著初生之犢不畏虎的精神在11月中下旬環島自駕遊冰島。

不誇張，冰島簡直顛覆了我對風景的定義，原來有風的景果然別有一番風景。當人被吹到面都歪，其他景物卻面不改容，所有人類以外的生物都無懼疾風，擺出威風凜凜的勝利姿態，那種震撼，加上天然無添加的

純淨，相信沒有任何一個鏡頭比眼球捕捉得漂亮，看著不斷移動的美景，好幾次都在猶豫該親眼目擊，還是用相機捕捉呢？那一刻我終於明白為什麼《白日夢想家》（The Secret Life of Walter Mitty）這部電影會在冰島取景。

世上唯美的景色何其多，冰島最難得的是它的美不在於任何人類的千年歷史文化遺跡，也不留於任何人類的偉大藝術傑作，它的美盡顯在的大自然的鬼斧神工之中，有種凌亂的缺陷美，宏偉得來又帶幾分淒冷，有點難想像吧，我嘗試用有限的描寫功力再具體形容得5D一點：

★一幅幅來勢洶洶的瀑布尚未出現在視線範圍，老遠就率先讓人聽見沙沙聲的巨響，好似頭頂有成千上萬個環迴立體花灑在同時噴出水柱，那聲音好近好近；

★出自上帝之手的天然冰雕浮在冰湖上，時而悄悄地漂走一塊，時而又輕輕地發出清脆的碎裂聲音，原來真的會有目不暇給，來不及觀賞的感覺；

★一磚磚晶瑩通透，大小不一的冰塊鋪滿了鑽石沙灘，在陽光的折射下，有如幾百萬卡鑽石在閃閃發光，簡直比真的鑽石吸睛[3]；

★在地下沸騰的泉水形成漩渦，不斷冒出仙氣，似是有水怪埋伏地底，隨時在下一秒突然撲出，然後一眨眼就變成了一柱擎天的噴泉，水柱直飆至幾層樓高，痛快又澎湃；

★宏偉的岩石峭壁在怪石嶙峋的黑沙灘上長期飽受妖風吹襲，來自四方八面的強風簡直無孔不入，地上的黑沙也不斷被吹起，風力的強度至少是香港的10號風球，連人都被自動推著走，在到達黑沙灘之前更花了好一陣子與風搏鬥，下車時奮力拉緊車門才不被吹反，難怪曾經有旅客不慎被風浪捲進海裡一去不返；

★載著一行九人的四驅車輾過凹凸不平的冰川，萬一冰川稍為不夠堅硬承受車的重量，隨時下陷被困，後果不堪設想。下車後更是舉步為艱，費盡全身之力方可將雙腳的冰爪插在冰上行走，一步步尋找藏在冰川的神祕冰洞，每個冰洞的形態都獨一無二，有藍的也有黑的，別有洞天；

\#點指冰冰　\#LetMeBreakTheIce　\#Icebreaker
\#只是冰山一角　\#tipoftheiceberg　\#frozen

\#幾萬卡鑽石任拎

文采欠奉的我自小最討厭就是寫描寫文,當有圖都未必有真相的時候,又怎可能單憑文字就令未踏足過當地的人彷如身歷其境,親聞其聲呢?何況冰島的美態絕非筆墨能夠形容,所以不在此將山明水秀一一盡錄。世界那麼大,多姿多采的自然風景多不勝數,但在冰島看風景,總是多了一份蒼涼感,可能源自它的荒蕪,也可能是基於它遠離人煙,彷彿置身在地球以外的空間。冰島就似仙氣逼人的女神,那種素顏的純潔,加上不食人間煙火的冷豔氣質,清麗脫俗,完勝一切庸脂俗粉。當大家設法大力發展,美化城市的同時,冰島卻好像在展示回歸自然,反璞歸真的美好,完美演繹Less is More的道理。

\#冰洞挑戰　　\#入咗黑洞
\#重有藍洞　　\#凍過雪櫃
\#雪藏自己　　\#腳趾已甩

冰島令人嘩然的景點已經夠多，但最離譜的是連路上經過那些寂寂無名的地方都像畫一樣，美不勝收，令人瘋狂心心眼[4]，每次都忍不住停下來駐足細賞，對攝影一竅不通的我都拍了無數的隨影。之所以說冰島變態，是因為即使站在同一景點，上一秒與下一刻所見到的風景都可能面目全非，時常以千變萬化的形態示人。正當旅伴和我按照原定計劃順利駛到冰島的東邊，停在路邊一間café休息之際，好心的店員提醒我們天氣預報未來幾小時有風暴吹襲，南下的道路會被關閉，慶幸我們一路向北。危機意識薄弱的我們以為可以置身事外，繼續抵受不住沿途風景的誘惑，不斷停下來拍照，最終未能在入黑前，經《白日夢想家》男主角玩滑板飄移的93號公路到達落腳的東邊小鎮。

沒想到九曲十三彎的93號公路兩旁沒有街燈，在一片漆黑之中，私家車在迂迴曲折又鋪滿雪的山路上龜速行駛，當時四周煙霧瀰漫，能見度不多於一米，單靠兩盞車頭燈，連車身旁邊是平地還是山崖都根本無法判斷，車內只能聽見颯颯風聲，驚險程度絕不低於電影中的滑板飄移，好不容易戰戰兢兢走完驚心動魄半小時的路。到達小鎮才知道原來今次的暴風雪絕不惹少，小鎮上幾乎所有店舖都關門了，而小鎮通往其他地方的主幹道都已經被封了，能夠成功安全到達原來已經是萬幸，唯有希望在明天。

第二天的清早吃過燭光早餐，在小鎮打個轉就趁天光馬上出發，務求早點完成行程，入黑前到達旅館。當地人再三叮囑我們不要輕視這場具相當殺傷力的暴風雪，外出要萬事小心，時刻留意天氣預報，出發前先上網查看道路狀況。暴風雪的前夕果然是平靜的，天氣並沒有想像中惡劣，當日的行程算是超額完成了，只是到達旅館附近的範圍，雪就開始越下越大，為安全起見，我們決定放棄食好西，盡早入宿以免重蹈覆轍。

不
行
的
旅
行

然而，天氣沒有最壞，只有更壞。一覺醒來準備外出吃早餐，才驚覺住屋的大門被厚厚的積雪包圍了，撞也撞不開。靈機一觸，我們成功跳窗逃出生天，然後努力鏟走門前的積雪。眼見四周的積雪超過一米高，連車身都被雪覆蓋了大半，跟昨天完全是兩個景象，如果持續落大雪，隨時小屋都被淹沒。旅館一帶的交通幾乎全面癱瘓，通往下一站的道路已被封閉，網上也沒有顯示重開的時間，但無論如何，我們都不希望停下來，因為往下一站的路也是前往機場回港的必經之路，加上在另一端的酒店已經一早預訂好。於是一大清早我們就小心翼翼地在唯一開放的道路上行走，企圖等待主幹道重開甚至考慮硬闖，想不到最不想發生的事情終於降臨了……

尚未駛到主幹道，一不留神，在公路旁停了車幾分鐘，車胎就卡在雪堆中，走也走不動。我們嘗試了不同的方法都好像未能自救，唯有請租車公司派人拯救，而救援需要等待一小時以上，皆因冰島地方大，人口少，加上外面風大雪大。剛巧路過的一位司機大叔見我們被困，本來正在趕路的他駛走了也主動調頭來協助我們，實在太滾動[5]了，可惜嘗試了十多分鐘，又瞓車底又推車，叔叔不行了[6]，唯有離開。雖然未能成功脫險，但也十分感激大叔不惜犧牲了自己趕路的時間拔刀相助。與其做佛系廢青[7]等緣分到了自然獲救，不如嘗試自救，多得Google大神相助，終於成功脫險，走出了雪堆，撤銷了救援。

我們再度啟程，直到前面有車輛疑似因封路停下來，下車問個究竟後準備起行。可惜，話口未完，車又再次卡在厚厚的雪堆中。前面那位打算硬闖路障的司機見狀也回頭嘗試施以援手，可惜我們努力了接近半小時仍未成功，幸好野生捕獲[8]正在鏟雪開路的救援車，救援人員衡量過情況的緩急後，決定先完成手頭上的任務再回來拯救我們，而好心的司機亦

#燭光早餐　#暴風雪嘅前夕係平靜㗎　#曾共渡患難日子總有樂趣

起行趕路了，誰不知過了一會兒，我們又再次與他相遇，皆因前方的道路已完全被關閉，硬闖無門，不得不原地折返。過了一段時間，曙光出現了，救援隊果然是找數真漢子[9]，在他們的幫助下，終於成功脫離困境。然而，此時此刻對於自己過分自私進取，任性地執意出發，在資源緊絀下耽誤了路人及救援隊的時間，實在感到丟架又過意不去，很難接受自己好像成為了平時會隔住mon鬧累人累物的港人旅客。諷刺的是，正當我們狼狽至極，路旁那幾匹毛髮長長，身形細小的冰島馬卻安然無恙，在暴風雪下繼續一邊悠然自得地食草，一邊食遍地花生[10]，顯得人類十分脆弱。

折騰了大半天，人又攰肚又餓，沿途見到一間疑似餐廳的小屋，推門而入才發現那裡是私竇[11]。本來那裡並不招待外人，但友善的美國東主見不少被困路上的遊人都不約而同前來找有瓦遮頭的地方，不忍心將我們趕走，於是那裡好像變成聯合國一樣，收留了不同國籍的遊人暫避，更無私地奉上熱飲。衡量過當時的狀況，我們已經別無他選，在狂風暴雪強而有力的威脅下，不得不屈服，改變計劃原地折返，於是臨時訂好了當晚的住宿便離開了。臨出門前，美國阿姨再三囑咐我們小心駕駛，安全至上。離家一段時間，此時此刻聽到長輩的囉唆，竟然覺得窩心。

人在冰島，感受過不少熱心助人的當地居民在大家同樣面對困難時，不惜犧牲自己的利益，向不同膚色的遊客伸出援手。然而，身處今天急功

近利，充滿競爭的香港社會，只顧埋頭苦幹向前衝，連慢一步都好像會落後於人，可能會輕易因眼前要優先處理的事情而慢慢忘記了「人之初，性本善」，遺忘了最根本的人性，變得冷漠無情，我認為香港比冰島更冷。

可悲的是，每天跟時間競賽的港人，奔波勞碌又可以換來什麼？可能連基本如住屋的生活需要都未能滿足，結婚生兒育女也難上加難。大時大節在祝福別人身體健康、新年快樂的同時，自己又為此投資了多少呢？當虛耗了大部分人生的光陰力爭上游，直到退休打算安享晚年，卻連醫療福利和生活保障也形同虛設，試問又怎捨得動用積蓄，無後顧之憂地消閒呢？這一切實在不得不令人思考究竟人生的意義為何？毋忘初衷，及時行樂又有幾多人可以做到？當然，以上絕不代表所有香港人的心聲，因為貧富懸殊的社會上仍然有一群上流社會的中流砥柱，過著堅離地[12]的生活，令人慢慢開始相信成功必需靠父幹[13]。沒有父幹的看不見將來，少一點掙扎的可能已經沮喪得向現實低頭。

作為遊客來到冰島，每天節目多姿多采，盡情擁抱大自然，探索野生動物的足跡。另一邊廂，曾經有香港的遊客專誠追蹤劏房戶，沒想到參觀劏房居然可以成為外國遊客訪港的旅遊活動之一，不知可悲定可笑。習慣了在地少人多的香港過高壓式的生活，來到人少地多的冰島彷似進入了另一片極大反差的淨土，令人不禁嚮往冰島人簡單的生活，就連馬匹

羊群都比我活得更無拘無束，自由自在，甚至活動空間也比我大幾十倍，即使風吹雨打仍可自給自足，絕對是冰島生物的小確幸。感覺上冰島的生物每日聽天由命但亦樂天知命，冰島的環境原始但科技發達，冰島人的生活休閒但高質。冰島讓人看清大自然的無窮威力，它可以美得令人嘆為觀止的同時，摧毀的力度也驚人，實在使人又愛又恨。雖然盡情擁抱大自然的生活未必及大城市多姿多采，但至少若即若離，千變萬化的神祕極光，總比千篇一律的〈幻彩拘嘟嘟[14]〉震撼，單單欣賞四時之景不同，靜觀其變，遠離煩囂，都已經夠賞心悅目，這種還原基本步的生活令活在石屎森林[15]的我十分葡萄[16]。

從未感受過平日視為理所當然的事，像是可維持正常生活的天氣，可行車的道路，有蓋頂的地方避險，成功踏出家門，一日食三餐等，居然在冰島旅程成為了每日操心的問題，原來長期生活在不受天災威脅的城市未必是最理想的。太容易得到就會使人麻木，只顧自私地生活，自恃是高等生物就凌駕於其他生物，當自己的生存空間有限也就理所當然地剝奪其他生物的生存空間，破壞大自然，造成人禍。相反，長期與大自然搏鬥的冰島人卻對大自然珍而重之，努力地經營和保護這片淨土，變態的究竟是冰島還是香港呢？

旅程的前半十分順利，讓我們成功地欣賞冰島的壯麗奇觀，後來一個天有不測之風雲，雖然一度耽誤和破壞了行程，與極光無緣，甚至身陷險境，但卻見識到冰島的真面目，賺了一個令人反思的教訓，成為了整趟旅程的亮點。所以說，有時計劃之內未必及意料之外來得完滿，不是嗎？

溫馨提示，這是反面教材，奉勸明知山有虎，就不要向虎山行了。

1 「地理L」是形容擅於或熱愛地理的人士，用「L」代替「撚」減低粗俗程度，而「L」被加在詞組後是解作人士的意思。

2 「轉軚」即改變汽車的方向盤，引申為改變主意。

3 「吸睛」，是吸引眼球，引人注意的意思。

4 「心心眼」是形容看到喜歡的東西後，雙眼變成心型的表情符號。

5 「滾動」即感動的意思。

6 「叔叔不行了」是精力耗盡的意思，出自日本成人漫畫。

7 「佛系」是什麼都不做，什麼都不在乎的生活態度;「廢青」是指頹廢、不務正業、一事無成的青年人。

8 「野生捕獲」是潮語，形容在街上偶然遇上的意思。

9 「找數真漢子」是指說話算話的人。

10 「食花生」是潮語，即冷眼旁觀，看熱鬧的意思。

11 「私竇」是指一個安全、舒服的私人空間或地方。

12 「堅離地」是不知民間疾苦，不切實際，高高在上的意思。

13 「靠父幹」是指倚靠家中長輩而取得成功的意思。

14 〈幻彩掬啷啷〉是香港每天晚上在維多利亞港上映的激光秀「幻彩詠香江」之別稱。

15 「石屎」是混凝土的意思，「石屎森林」常用來形容一個城市到處都是混凝土建成的高樓大廈。

16 「葡萄」是潮語，指因得不到而嫉妒或羨慕的意思，形容酸溜溜的感覺，出自「吃不到的葡萄是酸的」。

#溫室大嘅港女遇上溫室大嘅蕃茄　#溫室野餐　#蕃茄湯放題
#草青味小清新

#唔鍾意食羊腸嘅港女
#內有洋蔥嘅羊腸熱狗
#唔食羊都食到

#不羈冰島馬　#飛下髮好喎　#冰島限定
#冰島好疊馬　#馬多過人
#smallbutstrong　#縮水白馬王子
#實係食花生大

#冰島限定之煙三文魚地熱黑麥麵包
#麵包味蓋過煙三文魚味
#是咪食緊煙灰
#三文魚只是配角
#重口味必試

#風繼續吹
#吹起吹起風裡夢

職職復職職

2017年5月·伊勢

根據非正式調查，普遍喜歡出國旅行的香港人，遊日經驗隨時比日本人還要豐富。曾經在日本多個城市，問過不同年齡層的當地人，包括東京沙龍的專業髮型師、福岡屋台的鄰坐婦人等，都發現自己踏足過的日本城市確實不比他們少。（利申[1]，我不是日本達人，遊日經驗比上不足，比下有餘。）

不誇張，疫情前旅伴一年飛日本的次數甚至比過海[2]還要多，為什麼對日本情有獨鍾呢？除了有利的客觀因素——位置近、易請假、價錢合理之外，更可能是因為「日本出品，必屬佳品」，高質素的保證令人百去不厭，無論吃喝玩樂都帶來無窮驚喜，總不會令人失望。再者，部分香港打工仔習慣快閃遊，即使快閃日本，都可以在短時間內滿足不同願望，為自己快速叉電。

話雖如此，無論到日本任何一個城市，每次都總覺得時間不夠用，原因之一可能是日本在幾乎大部分的領域都趨向專業化，四處充斥著不同範疇的職人或者匠人。只生產一款產品的專門店比比皆是，倘若個人興趣比較廣泛，就不得不四出專門店尋寶或者騰出時間逐一拜訪職人。

記得在三重縣，最難忘的是觀賞海女一口氣潛水，徒手捉海鮮，她們身穿一件包頭的白布衣，牽著一個漂浮的木桶，戴著一副泳鏡，輕鬆翻個筋斗就鑽進海裡去。當日的海水只有約十度，加上海風吹拂，我站在海邊都不禁打冷震[3]，真的不敢想像在寒冬季節，她們仍然如常出海。

不出數分鐘，海女們就已經紛紛帶著漁獲冒出水面。我完全不理解她們是如何練成這門絕技，不帶氧氣筒潛水已經是一大挑戰，在氧氣逐漸減少之際，還要眼明手快捕海鮮。眼見她們臉上都帶點歲月的痕跡，實在不得不佩服。

接著到了海女小屋作客，品嚐野生捕獲的海鮮。海女小屋的經理是一位八十多歲的海女婆婆，即使大家言語不通，她都帶著燦爛的笑容逐一歡迎客人。以往她幾乎每天都會出海潛水，一潛就一輩子。時至今日，雖然海女婆婆主要打理海女小屋，宣揚海女文化，但她從未退隱江湖，不時仍會徒手潛水捉海鮮。究竟這份如此襟撈⁴的堅持是如何練成呢？

海女這職業有二千多年的歷史，也是早期日本女性可以賺錢的工作之一。據聞這份職業以女性為主是因為女性的脂肪比例較男性高，能更好抵禦寒冬潛水。海女算是高危的工作，可以賺取可觀的收入，所以早期吸引不少待嫁少女入行，務求早日儲夠錢出嫁。即使已婚，海女的工作亦令她們有能力自食其力。我真心佩服她們，可惜的是海女已經逐漸被淘汰，後繼無人。照道理日本素來就很擅長保育自己的文化，沒想到海女也會有式微的一天，直至後來才知道原來有輿論指日本有聲音批評海女的工作削弱男性尊嚴，所以慢慢被絕跡，眼前的海女可能是僅餘的少數。

吃著啖啖刺身，看著精神奕奕的大嬸一邊為客人即席燒海鮮，一邊吹水⁵，談笑風生，聞歌起舞，頓時覺得除了口腔裡那股濃烈的海水味，大氣中更滲出一份掩蓋不了的人情味。雖然對日語一竅不通，但從她們的臉上，都能感受到她們的滿足和快樂。最後，海女們更邀請大家一起圍爐共舞，將她們的快樂感染客人。

海女們看似樂此不疲，但海女出海的工作每日如是，難道她們都不曾感到疲累或者厭倦嗎？還是活在日本社會的價值觀底下，轉行並不常見，甚至會被視為不忠誠，不敬業的表現，因此她們其實也別無他選，於是默默堅持，將此變成終身職業呢？

在香港土生土長的我，自小就聽長輩說「要有一技之長，唔好三分鐘熱度，屎坑關刀」。但另一邊廂，家人卻又會說「學嚟冇用，唔好學啦」，「專注考好公開試先，唔好學啦」，「唔鍾意就停學啦，慳返筆錢都好」，「你又係三分鐘熱度，唔好學啦」。於是順理成章，往往就以種種自以為合理不過的藉口而放棄克服和堅持，明明是興趣班，但興趣卻往往是最後才需要考慮的一環，真諷刺。

由當年的社會風氣進化到今天，一邊提倡「求學不是求分數」，一邊卻又鼓吹學生成為萬能一樣，所有科目都要「精通」，夠「多元智能」才不致輸在起跑線。補習班、興趣班、面試班，缺一不可，而且不可以慢人半拍，急功近利的社會就是這樣練成的。

香港人，總之一個字，快，行行⁶都要快，連飲食文化都奉行夠快夠多元化，不論是茶記⁷，大排檔，酒樓還是快餐店，都叫什麼有什麼，可以讓人一次過享受食盡不同菜式的速食快感。一間食肆提供幾十款口味，總有一款讓客人喜歡，這樣才符合經濟效益。飲食如是，日常工作態度都一樣。這種工作態度與日本職人們的理念形成極大的反差。職人花超過大半生去鑽研一門手藝，專心一致，精益求精，繼而將這份敬業的精神一代一代傳承下去，難怪可以長期維持高品質水平。其實，每當在日本見到職人，除了十分欣賞他們那份搏盡⁸的專業精神之外，更不禁令我回想起一個至今仍沒有答案的問題——究竟是要成為某個領域的專才還是

乾脆做個通才呢？

那些年作為學生的我，膚淺得只知道所有學科都要爭取高分，完全沒有時間和空間停下來去想喜愛與否，因為成績要夠優秀才有選擇的權利，根本來不及發掘自己的興趣，連自己喜愛什麼都未搞清楚，又如何選擇成為專才呢？即使選擇成為專才，靠一份專業維生，都會考慮該專業是否仍然當道和吃香[9]，因為往往薪金多少，好像下意識就說明了一個人有多「專業」，所以說起「專業」，好像就只會想起醫生、律師、會計師、總之起碼是什麼「師」才稱得上專業。沒有人會想起這些職業以外的工作，什麼藝術工作者、修理人員等，通通都不值一提，可悲嗎？雖然今天香港社會上仍然有不少「專業人士」，可能當中不乏滿腔熱誠，從小就立志或是受家族世代影響而入行的，但亦可能有人純粹以人工[10]決定職業，從職業獲取身分地位。敬業樂業可能是連「專業人士」都沒有的專業精神，今天還有人在乎嗎？

至於有一門手藝的日本職人，其實是否出於不能放開社會的枷鎖，輕易改變現狀才堅持下去，或是他們起初就對該門手藝有從一而終的熱愛，一直敬業樂業，這點無從稽考，亦不能一概而論。不過，起碼日本普遍更重視「專業精神」，以及對「專業精神」的應用都廣泛得多。話雖如此，也許日本人和香港人在當前的教育制度和社會氛圍下都太會跟著社會步伐走，走著走著，開始發覺自己既不是專才，也不是通才，只是跟倒模一樣，是區區一個庸才而已。

1　「利申」是網路上利益申報的縮寫，有表明立場或增加說服力的用意。

2　「過海」是指由九龍或新界來往香港島的意思，由於會穿越維多利亞港，又稱過海。

3　「打冷震」是身體在發抖的意思。

4　「𢭃撈」字面解釋為不缺工作機會的人，「𢭃」有耐用的意思，「撈」指工作，引申為懂人情世故或識時務者，因為這些人大多不缺工作機會。

5　「吹水」是閒聊，聊天的意思。

6　「行」指行業，「行行」是所有行業的意思。

7　「茶記」是茶餐廳的意思。

8　「搏盡」是全力以赴的意思。

9　「吃香」是有優勢的意思。

10　「人工」是薪水，工資的意思。

拜訪海女小屋
#開心就跳開心舞
#圍爐嘅勇舞手足
#被女圍嘅多人運動都可以有益身心
#不怕海鮮老　#最怕老海鮮
#海女教落綠色鮑魚屎是個好東西
#生吞greenobject
#海水味濃人情味更濃

185

海女示範＠真珠島
#海底撈魚
#翻滾吧海女
#表演深潛
#缺氧潛水
#無法可修飾的一對手_帶出溫暖永遠在背後

伊勢海老＠
海鮮蒸し料理華月

之所以潑冷水

2019年11月・柬埔寨

暹粒，這個差點連讀寫都有障礙的城市，起初因為陌生而卻步，後來機緣巧合下，參加了密友在華欣舉行的沙灘婚禮，然後順道就去了鄰近泰國的柬埔寨。去柬埔寨的目標清晰，就是要慕名前往位於暹粒的吳哥窟。

在暹粒一落機就率先來個不一樣的歡迎儀式，大批蚊蟲在燈罩下接機，激發起旅伴和我都情不自禁地動起來，連心都開始癢了，有點後悔放棄原定去日本的計劃。暹粒是個發展中的城市，大街小巷塵土飛揚，篤篤[1]在沙塵滾滾中穿梭，勝在消費便宜，服務又周到，CP值算是頗高，倒有點像二十年前尚未被強國人攻陷的曼谷。

為了捕捉那經常出現在明信片的懾人畫面，旅伴和我跟隨當地鴨仔團到吳哥窟看日出，身為港女，重點當然不是靜觀日出，而是要跟反射在天空之鏡上的日出倒影合照，自製背多分[2]。吳哥窟源自印度教，貴為世界文化遺產，寺廟的建築固之然唯美壯觀，牆身的浮雕亦蘊藏了精彩絕倫的神話故事和傳說，不過，凌晨三點出發，又破紀錄式行了幾小時，掛著風扇都汗流浹背，難免一度放空，左耳聽導遊講故事，右耳就即時輸出了，連打卡都提不起勁。令我印象深刻的是寺內擺放了一尊尊詭異的無頭佛像，無頭皆因昔日被劫走，佛像太大所以劫匪只劈走佛首上路，今日佛首已散落在世界各地的博物館，這大概就是我的印度教初體驗。

不緊要[3]，在最具代表性的吳哥窟看不夠佛首，在另一著名的佛教寺廟

187

──巴戎寺就可以看個夠本。走在寺內，被大大小小幾乎長相一樣的四面佛像塔重重包圍，完全是個迷宮，一邊行，一邊望見四方八面的佛像在向同樣是佛系的我微笑，此乃高棉的微笑，當高棉的微笑遇上港女的微笑，我們都不望鏡頭一起會心微笑，換來的卻是路人的微笑，如果「色即是空，空即是色」，同樣道理就是鏡頭「望即是不望，不望即是望」，高棉的微笑十年如一，我chok的微笑也是，莫非這就是傳說中的「與佛有緣」？

介紹返，高棉是昔日柬埔寨的名稱，當年的高棉帝國堅是強國，然而今天的柬埔寨卻不得不投靠強國，實在是風水輪流轉，一於放長雙眼看什麼時候風水再次輪流轉。個人認為高棉的微笑比蒙羅麗莎的微笑更無定向和吸睛[4]，每行一步，彷彿旁邊的佛像都在盯住，它的微笑更好像在告訴我「人在做，天在看，你懂的」，萬物都有「因果」，要好自為知。

練習瑜伽超過十載仍然是初學者的我，曾經遇到一位瑜伽老師，上課時提起印度教的瑜伽經，繼而說起因果，我一直沒有深究，來到暹粒，「因果」兩字再次浮現在我的腦海。以前我一直都相信因果，可是人生的經歷隨年月增長，發現生活上發生了太多未能用因果解釋的事情，開始對「因果」有所質疑，甚至在想「因果」其實會否只是幫助政治或宗教領袖約束行為的管治工具呢？明知「種善因」未必得善果，施比受未必更有福，但不知哪來的強大力量讓人覺得還是應該「止於至善」，可能沒有宗教信仰的我，其實自小已被不知不覺地洗腦了。

參觀完兩個寺廟之後，繼續都是寺廟，無他，暹粒是個宗教色彩濃厚的地方。今次去的是《盜墓者羅拉》（又譯《古墓奇兵》）的取景場地──塔普倫寺，我稱之為樹廟。走進樹廟的第一感覺不禁令我懷疑世間真有

樹妖，那小小的蛇樹種子，怎麼可能穿透如此宏偉堅固的廟宇，那強壯的tree根[5]，竟然有如此強勁的生命力將石屎吞噬，互礫鏟起，在寺廟中自由穿插茁壯成長，簡直像個名副其實的「石屎森林」[6]。明明「菩提本無樹」，有了這些樹，不但令寺廟生色不少，顯得格外神聖之外，更呈現了大自然也與神同行，兩者結合得天衣無縫的一面。

記得在幾個寺廟門外都有童工兜售紀念品，其實在柬埔寨幾乎各大旅遊景點都十分普遍，每次見到心裡都會一酸，卻又不知所措。亂擲金錢只會間接支持這種惡性循環，然而在我還未想好如何反應之際，就已經眼白白直行直過了，心裡再不舒服也未實質做過什麼，這不是令人討厭的偽善還是什麼？如果萬物皆有因果，那究竟是誰種下的因，讓小孩承受這惡果？

導遊說當地大部分小朋友長大的環境都十分惡劣，但也不鼓勵施捨給街童，助長行乞風氣，只有讓他們上學才可脫貧。導遊的英語如此流利，心想定是當地富二代，怎料他自爆身世，原來兒時的他是和尚一名，在寺院中長大，皆因出家就可免費接受教育，當然也要誠心學佛，不過，後來長大成人就離開寺院了，這種傳教換就學機會的現象在當地也算很普遍。沒想到政府沒有提供免費教育，反而依賴寺院培育下一代，寺院就像避難所一樣，改變了不少人的命運，受惠的當地人在寺院修煉過不同形式的「苦行」，加上深信因果報應，飛黃騰達後自然會捐獻回饋寺院。我不想相提並論，但不禁想起明明一年365日「正苦」都在生產口罩，早期卻連前線醫護都沒有充裕的口罩抗疫，反而依賴社會上大大小小的善長人翁、慈善機構、商業團體各出其謀採購口罩，自製口罩，為社區供應口罩，等納稅人獻計。作為蟻民，靠食一餐飯送口罩，關注n個社交平台鬥快搶口罩，出示住址證明換口罩，姑勿論口罩質素和派口罩

的背後目的，起碼港人自救，有一技傍身。

我完全可以體會柬埔寨平民想自救卻無能為力，等運到的那種無助，旅伴和我也藉著體驗當地的習俗之一——潑水祝福儀式（water blessing），從中捐獻而成為了納米善長。Water blessing是在一所住了僧人和流浪貓狗的簡陋無名寺院中進行，換上沙龍就被僧人一邊潑冷水[7]，一邊接受祝福。原來不只善信會被祝福，連死物也會接受water blessing，因為當地人相信萬物都住了靈魂，被僧人潑過水的靈魂就會被祝福。

如果萬物都住了靈魂，那麼在香港大興土木建成的寺廟見過那些用iphone穿名牌的出家人，又住了怎樣的靈魂呢？一班平日身光頸靚的「偽人」，在耗資巨額翻新「本來無一物」的佛門清靜地說禪，勸戒世人拋開情和慾，透過苦行得到心靈上的解脫，究竟是在說服誰呢？如果一切都有因果，那是什麼原因令這班人以這種模式「學佛」呢？就連有心人想做義工都要經過千挑萬選，難道眾生平等已經過時，是要憑道行，憑奉獻，還是憑外表與佛有緣去挑選？假如隨便一個柬埔寨的窮苦小孩走進該寺廟，待遇又會如何？我很想知道。以行善積德為由，掛著現代化的旗號擴大上流社會的人脈和勢力，是我與寺廟中人有一面之緣後的愚見。我不是僧人，沒有潑冷水送上祝福的道行，唯有心裡奉上深切的問候，我希望是我愚昧偏激，看錯了。

身處今天的世代，與其在談因果，闡釋儒釋道，努力參透「菩提本無樹，明鏡亦非台，本來無一物，何處惹塵埃」，施主，不如先搞清楚誰大誰惡，因為一定誰正確，這是悲但真[8]。也許世界富豪榜上有名之後就是慈善家的較量，個人認為在社會輿論和形象工程的壓力下，富豪做慈善家已經是理所當然的事。無疑，富豪榜上的成功人士都有莫大的貢

獻，固然值得被欣賞，至少自問沒有成為他們萬分之一的能力，然而，個人會選擇性地特別欣賞幾類善長：第一類是在發達之前，沒有利用他人的善意，沒有剝削別人來致富，也沒有為社會製造更多需要被幫助的人，而不是發達之後靠行善來贖罪；第二類是沒有太多身家[9]，在生之年卻已將自己身家捐一大部分來行善的人；第三類是會身體力行捐出技能而不只是捐善款的善長，哪怕捐款有多巨額，錢總有用完的一天，技能卻是掌握了就終生受用。話雖如此，自問沒有為國捐軀，隻手又未能遮天，又何來資格高談闊論，我還是閉門思過，雙手合十，自求多福吧，Namaste！

1　「篤篤」是Tuk Tuk的譯音，即電動三輪車。
2　「背多分」是從背影看起來很正點的意思，常用於拍背面的照片。
3　「不緊要」是「不要緊」的意思。
4　「吸睛」，是吸引眼球，引人注意的意思。
5　「tree根」是建制派議員鍾樹根的綽號，「tree根」是「癡筋」的諧音，即神經病的意思。
6　「石屎」是混凝土的意思，「石屎森林」常用來形容一個城市到處都是混凝土建成的高樓大廈。
7　「潑冷水」比喻挫傷或打擊別人。
8　「悲但真」是直接把「sad but true」翻譯。
9　「身家」是財產的意思。

吳哥窟

#佛系　#參透人生　#世事都被你看透　#因果？　#好人一世平安？
#人在做，天在看？　#色即是空，空即是色？　#好玄　#禪味　#有緣人

金邊皇宮

#Namaste

#無名寺
#潑你冷水係祝
福你呀
#洗濕咗個頭
#洗滌埋心靈
#涼浸浸
#醒哂
#行善積福
#積返啲陰德

巴戎寺
#高棉的微笑

塔普倫寺
#Tree根
#樹廟有樹妖？
#菩提本無樹，明鏡亦非台，本來無一物，何處惹塵埃

#燒烤邊爐一鑊熟

我們不是這樣長大的　　　2010年12月・芬蘭

Dear Reader,

你好嗎，身處地球另一角落的我正在吃喝玩樂，享受人生，今天是到著的第n天，這裡風景如畫，一切都十分美好，簡直令人樂而忘返，回來再約，勿念！

以上的內容似曾相識嗎？如果你不曾收過類似的postcard，大概也有寄postcard的經驗罷。時至今日會執筆寫信，可能就只有在旅途上寄postcard了。

記得在芬蘭聖誕老人村那天，我跟同行的旅友靜坐在郵局的一角埋頭苦幹，完全進入了認真mode，只為完成一件事——寄聖誕卡。無疑寫信與數碼時代的任何媒介相比都來得old school，但總覺得寫信就是高尚，一筆一劃都盡顯個性，有種無法取代的真實感。

當某一天，翻開曾經收過的那張近在咫尺的postcard，發現跟寄者的距離卻好像無限遠，心裡不禁酸溜溜的，又或者回望當時筆下的自己一身稚氣不堪入目，只能一笑置之，你的那些年都是一樣嗎？

話說人生第一次踏足歐洲就是在大學grad trip，想當年在final year的聖誕假期應節地和大學同學柴娃娃[1]去位於芬蘭的聖誕老人村朝聖，繼而在芬蘭往瑞典的遊輪上跨年倒數，一行五人，一男四女（抱歉，沒有你想像的juicy，英文系有史以來都陰盛陽衰），就這樣渾渾噩噩地花了十天窮遊

北歐四國。

明明就是窮弱書生，努力補習了n個月才僅僅賺夠旅費，偏偏卻不自量力地選了全世界消費最高的北歐。旅途上，我們一個漢堡包切五份，五人前後腳住同一間酒店房屈蛇[2]，甚至厚顏無恥地街訪路人推介食肆後亂入了高級餐廳，繼而在侍應斟水後才後知後覺落荒而逃，為求慳錢[3]無所不用其極，完全忽略旁人的目光，簡直唔知個醜字點寫[4]。潮流興backpack，經驗貧乏的我們就扮backpack，卻又怕抵不住零下三十度的嚴寒，唯有如走難般帶著大量禦寒衣物和乾糧上路，拖著唔也堅持要孭背囊，在厚厚的積雪上走路，笨拙得很，為的就是要告訴別人我們熱血地去了背包行。只想對這班戇直青年說，少年，你太年輕了[5]，年輕得做什麼都多一份衝動，少一份理性。

短短十日，未必深切體會到香港和北歐四國的文化差異，但卻充分感受到我們無論財力和體力都與北歐人有一段差距。去這趟旅行之前，對於零下三十度的天氣完全沒有概念，親身經歷過才知道原來只要身處室外，眼睫毛一旦沾到眼水就有自動結冰的跡象，加上十隻腳趾好像完全失去知覺，不屬於自己一樣，連相機和手機都彷彿有生命般，要對它們呵護備致，否則會凍傷，輕則對焦失敗，重則自動熄機冬眠，然而，如此寒冷卻居然有當地人熱得穿短袖T恤，即使不穿T恤也有不少輕裝上陣，總之就與我們那種笨重形成強烈的對比。

明顯地，我們自小就跟北歐人在截然不同的環境長大，他們從小習慣與大自然搏鬥，「不是求分數」[6]的我們卻忙於和功課搏鬥，聞說他們會走進森林上課，學習那些今天我仍未懂的求生技能。然而，曾經是港孩的我們卻不是這樣長大的，可能唯一共通點就是大家都曾經在聖誕前夕天

真地期待過聖誕老人的出現。聖誕老人能夠跨世代無國界地入侵童年，在平安夜環遊世界到各家各戶派禮物給小朋友，變成大家兒時的集體回憶，只能說他是宇宙最強的不死KOL，這份代代相傳的影響力無人能及。

縱使聖誕老人村或多或少已淪為旅遊打卡勝地，聖誕老人也只是打工仔[7]一名，排隊跟傳說中的聖誕老人合照等到腳軟，但仍然滿心期待，無比興奮。大概是聖誕老人勾起了期間限定的童年愉快回憶吧，仍記得小時候，總會在聖誕前夕那幾天變得特別乖巧，全因我天真地相信阿媽所說，只有乖巧的小朋友才會得到聖誕老人獎勵的禮物，於是當時身高幾十cm的我在平安夜晚上踮起腳尖將聖誕襪掛在房門，在床上輾轉反側，閉起雙眼便幻想一睜大眼睛就有禮物出現，醒來後第一時間跑下床打開聖誕襪，這份差點被遺忘的童真仍舊真實。

與英文系同學走在一起更令我想起上文學課時，那句不時掛在教授嘴邊的「Childhood is a kingdom where nobody dies」，我在聖誕老人村寄給自己的信，也不忘最後寫了這句心存疑問的line to take，再在句尾多手加了個問號，才將信紙塞入聖誕樽，扮有詩意，試圖在郵差面前掩蓋了自己肚裡沒有墨水的事實。

雖然童年有其可愛之處，但好像並沒有世人說得那麼簡單美好，也沒有太多值得留戀。我沒有童年陰影，頂多試過困𨋢[8]和半夜被小偷打劫，不過小時候根本沒有太多自由享受童年應有的樂趣，還未來得及聽遍安徒生童話故事，也未盪夠鞦韆，就已經好像理所當然地在競爭的大氣候下被催促成長，面對殘酷的現實，究竟是誰如此殘忍，有意識地削弱我的童年？

成長的過程充滿探索，跌跌碰碰，經過多次撞板之後得以蛻變。回想過去，發現自己不太有意識去細味和享受成長的過程，然而，其實我們一天一天從沒間斷地成長，卻又好似在不斷被告知成長有階段和終結，兒時的checkpoint就是十八歲，然後下個checkpoint就是畢業成為「我的志願」，再來女生的checkpoint就是三十歲，不斷無限loop，反正就是要在這些checkpoint來一個成就檢閱。然而回顧不斷成長的人生，何以見得審視這些「checkpoint」別具意義呢？令人成長的又豈止在這些「checkpoint」發生的事呢？

我一直都沒有太眷戀童年，相反更渴望早日無枉管，財政獨立，但卻又矛盾得至今仍未捨得離開溫室，是溫室太溫暖不想離開，還是心智未夠成熟，沒有跟隊趕上三十歲前成家，認真地將這件事放在眼內呢？此時此刻，我還是很想回到大學時期那段自由奔放而又沒有負擔的光陰，夠青春，又夠衝勁，沒有太多思前想後，想做就做，成家後又可以嗎，我能否拒絕成為有份扼殺童年的幫兇呢？

芬蘭的郊區四周白濛濛一片，街上間中有聖誕裝飾，也有市集，但與我想像中那火紅火綠，鬧哄哄的聖誕氣氛有點不一樣，晚上也沒有極光，只有靈光（介紹返，靈光是旅途上唯一的男丁）。可能一夥人在一起，根本沒有將焦點放在四周的氛圍上，然後印象日漸模糊，剩低的只有印象深刻的人和事。繼在芬蘭的公園亂擲雪球，爬雪堆，為自製聖誕氣氛出一分力之後，我們再豪擲千金，誠聘聖誕老人個friend麋鹿，拖著牠的座駕，載著我和身邊那位小鹿斑比的鐵粉小敏斑點，走進白色森林。牠一邊疾走，坐在牠後面的我，一邊望著牠那個白色心心花紋的屁股，一邊在吃被牠踢起的不知是雪，是泥，還是屎，頓時覺得很有愛，一個願打，一個願挨，像極了愛情[9]。那速度更不能看小，令人有私奔曠野的快

感，雖然只是一味向前狗衝[10]，但也不亦樂乎，可能一股狗衝的勁就是快樂之源。

其實，我們一行五人的興趣不太相近，但喜歡原始，走樸實田園風格卻是中大人[11]自豪的特質，這個沒有太多裝飾，禮物和派對的聖誕，顯然是難忘的一個聖誕。

回想起來，grad trip也是當初從ocamp[12]學會的大學五件事之一，轉眼間已是十年前的事了。每年一眾老鬼和組爸媽[13]都會遵從傳統，在ocamp與新鮮人[14]分享中大的大小二事，薪火相傳，例如組爸媽完sem[15]會派$1.3利是，寓意GPA過三[16]、去火炭食宵順便來個四大書院的四七互片[17]（利申：當年中大未有八個書院）、校園導賞試食中大名物檸檬批、介紹大學站辮子姑娘的鬼故、賤標（engineering building）有停屍間[18]、reg科要快就去碧秋[19]、穿過烽火台就無緣畢業、未圓湖附近有蛇有馬騮出沒、各院系各教授的特色等等，大概今後的新鮮人還得了解不可多得的二號橋戰史[20]。是緣分將我們連繫，大時大節、大是大非讓我們維繫。

如果有小朋友問我聖誕老人是真還是假的，我一定會答是真的，因為它的確在我的童年出現過。兒時恨收聖誕禮物，現在的我更希望聖誕老人派禮物送暖的傳說繼續傳承下去，永垂不朽。而我今年的聖誕願望是有一天我的故事也能有聖誕老人萬分之一的感染力，然後被翻譯成多國語言，再由聖誕老人派入各家各戶，那該多完美，恐怕全宇宙的小朋友都要崩潰了，哈哈哈哈。

「人總需要勇敢生存，我還是重新許願」[21]，人太需要有希望的精神，承認需要幫助，學會關心和祝福別人，是聖誕老人在我收禮物前提醒我

的事，對我來说，也是説Merry Christmas的意義。明明這應該是每天都記住的事，卻變成了期間限定，靠一年一度聖誕的出現才會想起，甚至即使到了聖誕也不會想起，只會煩惱去聖誕旅行大出血，訂聖誕大餐食九大簋，開聖誕party進行多人運動，交換一堆聖誕廢物，又有誰會在説Merry Christmas時想起這句話的意義？分分鐘成年人還要靠小朋友的睿智提醒，有時真不知道誰讓誰成長。

學習在高壓下保持正能量成長的陌生人上

1　「柴娃娃」是大伙兒一起去玩的意思。
2　「屈蛇」的意思是偷偷地去別人的地方借宿一宵。
3　「慳錢」是省錢的意思。
4　「唔知個醜字點寫」是不要臉、不知羞恥的意思。
5　「少年，你太年輕了」是網路潮句，帶糾正錯誤的意思，也有先入為主諷刺年輕人思想不成熟的意味。
6　香港的教育制度被批評過分重視考試成績，令學生面對沉重的學習壓力，因此曾經提倡「求學不是求分數」，然而此句留於口號，實際的執行成效被受質疑。
7　「打工仔」泛指打工，上班一族的意思。
8　「困䪴」即被困電梯的意思，「䪴」是lift的譯音。
9　「像極了愛情」是潮語，只要在任何句子的最後，加上「像極了愛情」，就會瞬間變文青，成為徐志摩式愛情金句。
10　「狗衝」形容失去理智向前衝。
11　「中大人」是指香港中文大學學生。
12　「ocamp」是orientation camp（即迎新營）的縮寫。

13　「老鬼」指舊生或學長學姐，「組爸媽」就是在迎新營帶領小組的學長學姐。

14　「新鮮人」翻譯自freshman，即新生的意思。

15　「sem」是semester（即學期）的縮寫，「完sem」解作學期完結的意思。

16　GPA過三即Grade Point Average的成績過3分，一般滿分為4分，3分是比較理想的成績，而「過三」又是$1.3的諧音，所以派$1.3的紅包有祝福成績過3分的寓意。

17　去火炭吃夜宵是中大迎新營的傳統，期間會進行「四七互片」的環節，四七是「四句七個字」，即七言絕句，「互片」是指與其他書院的學生對戰，各書院會即時自創出四七來互相貶低對方或稱讚自己。

18　校園的其中一座大樓稱為「賤標」（發音與gin build相近），取自engineering building，而相傳該大樓的其中一層特別冷是因為有停屍間，即擺放屍體的冷房，供醫科生實習或教學用。

19　「reg」科是register學科的意思，由於登記報讀各學科是用電腦先到先得的形式，所以要鬥快。傳聞「碧秋」樓的網速最快，所以想要成功報讀心儀的學科，每個學期初就要到「碧秋」樓登記。

20　2019年的社會運動中，由於有示威者被近距離實彈射傷及不尋常的死亡事件，有學生及示威者於是在中大的二號橋投擲雜物以堵塞道路促成全民罷工，及後大批警察到場與示威者在二號橋上爆發嚴重衝突，校園多處設施損毀，翌日停課並宣佈學期結束。

21　此句為香港著名歌手陳奕迅的歌曲〈明年今日〉的歌詞。

#波叔出城
#燦爛的諾貝爾文明

不行的旅行

#青春 #真可愛青春

#北歐人正能量
#HOPENHAGEN
#人最緊要有希望

#那些年的汙點證人

#icelashes

#LOL

不行的旅行

情育禁區

人去快閃遊，我去快閃遊[1]，快閃到第一日就已經真心想快啲閃返屋企[2]就只有四日三夜的泡菜國之旅。凌晨三點最遲check in是我，朝早七點最早check out也是我，最驚訝是當自以為會打破紀錄，成為入住時間最短的住客之際，那位慘被嘈醒的Reception港女竟然沒半點驚訝，莫非時下旅人有更激的玩法？如此玩命，不是因為半夜掃貨，無非為勇闖南北韓邊界。話又說回來，其實一切都純屬意外，先有夜機的機師臨時肚痾，繼而韓國接機的司機人有三急，擾攘了好一陣子才成功下榻民宿，往後倒楣的事更接二連三，只能說人一黑[3]，自然一反常態，唯有硬著頭皮過日子，不過回想起來，當時挨眼瞓也值得。

老了，在首爾眼見自己追不上潮流化那宿醉韓妝，還帶著一副素顏的倦容，望著韓妹食金黃色的炸雞食到連Gel甲手指都啜埋，身為輕熟女的我卻只能一手拓著開始偷偷鬆弛的雙下巴，一手食人參燉雞養生。那又如何，人變樣，難道地球不也在變天嗎？

想當年未夠十歲，有幸與家人跟鴨仔團遊漢城（那些年的首爾叫漢城），街上隨處可見粗魯的大媽和幾乎撞樣[4]的韓妹，之後每隔十年就重遊舊地，對泡菜國的整體感覺依舊，只是今天表面的一切都好像被美化了，大媽一樣粗魯但彷彿都成為了韓劇中的可愛阿豬媽，整過容的韓妹隨時搖身一變成為走在潮流最尖端的女團成員，在父權社會長大的大男人瞬間進化成俘擄萬千少女心的暖男Oppa。

隨著風靡一時的《愛的迫降》在全港迫降，連我這個半集都沒有看過的人都知道分隔南北韓兩地的男女主角破格地在螢幕前踩過界，只是沒想到現實中的南北韓領袖也史無前例地在板門店跨越三八分界線握手，攜手改寫歷史。連昔日緊張的南北韓關係都已成歷史，轉眼間就經歷如此巨大的變化，究竟是人生如戲還是戲如人生呢？再下一個十年去韓國會是另一番景象嗎？地球日日轉，潮流天天變，你不改變，改變也會找上你，因為變幻原是永恆。要不斷跟上潮流的步伐實在有點透不過氣，有戀舊癖的我寧願原封不動，留在眼前多一分鐘，懶惰地接受衰老，看似消極卻又積極地呼吸著，用心感受，靜觀其變。

在南北韓和好前，慶幸曾經從首爾一路向北試圖邁向平壤的邊境，戰戰兢兢地踏足過南北韓的非武裝地帶DMZ（Demilitarized Zone），算是略略感受過兩地對峙的情境。在抵達目的地前，導遊三番四次提醒我們在軍人上車檢查證件時要收起笑臉，保持態度嚴肅，完全配合，然後在穿越戰爭時的軍用「第三地道」又嚴禁拍攝，當時我在想即使北韓派人遠距離監視也不能望穿地道罷，加上那個淪為景點的歷史遺跡大概也不可能仍藏有任何軍事機密罷，無論如何，都不過是在南韓範圍而已，有必要這麼緊張嗎？

走到都羅展望台，受地上那條黃色界線所限，只可在指定之界內範圍拍攝，我遙望著對面那片泥黃色像是未開發的北韓農村，隱約聽見遠方那無限loop的洗腦國歌，然後又聽聞身處的南韓原來在以前會狂播kpop鬥大聲，雙方互相蓋過對方的聲浪，眼見北韓在領土插旗，南韓也跟著插旗，而且要插得更高，誓要鬥贏為止，沒想過南北韓雙方明明已經協議停火，卻仍會將如此小學雞[5]的行為，完美呈現在分隔兩地的軍事邊境，鬥過你死我活。

看著眼前的一番景象，我想起的並不是朝鮮半島的戰爭歷史，畢竟我是歷史白痴，當時想起的是我的「鄉下」，不是日本，是真正的「鄉下」。我的「鄉下」位處香港最北端的禁區，一片連香港人都必須過關才可踏足的香港領土——沙頭角。

之所以會聯想起沙頭角是因為板門店的情形與位於沙頭角的中英街有幾分相似，中英街就在沙頭角禁區之中的禁區，沒錯，確實是有兩個禁區，一般人是不能夠隨便自出自入的。先要持禁區紙經第一道關口進入沙頭角村，成功闖關後，再持特定的居民禁區紙才可過第二關的邊境進出中英街。中英街，顧名思義就是橫跨中國和英國的一條街，想當年英國除了向清廷租借了九龍界限街以北，連新界也一併租了99年到1997年，其中又以沙頭角為邊界之一，所以在97之前，中英街的一邊叫英界，另一邊叫華界，是殖民時代的歷史見證。

今天走進中英街的我，左腳踏大陸，右腳踏香港；望著一邊由解放軍駐守，另一邊由香港警察站崗；體會過一方奉行的共產主義，感受著另一方推行的「資本主義」；見證著一邊是人來人往，車水馬龍的商店街，留意返，車是手推車的車，水是水貨客帶來的「水」⁶，另一邊是恬靜的鄉郊小漁村。雖然中港兩地實體上只是相隔幾cm，但我心裡很清楚，那幾cm在我心中永遠是這麼近，卻又那麼遠的距離。然而，世上並不是所有事情都有清晰的分界，即使劃了界線，也可能有跨越的一天。

話說從來我都對「鄉下」這個詞語感到陌生，自小就在城市出生和長大的我，又何來在「鄉下」生活過呢？一直我都認為沙頭角只是阿爸的鄉下，因為那裡的確是他兒時長大的地方，嚴格來說，不算是我的「鄉下」，但當普遍人問起「鄉下」，其實某程度上，就是約定俗成在問你

阿爸的鄉下，所以每次我都會理所當然，但又不夠理直氣壯地回答沙頭角。

香港的沙頭角一帶沿海，帶點意大利五漁村的小漁港風情，不少住在沙頭角的原居民或者他們的上一輩都是水上生活的鶴佬人，一般都會說鶴佬話，也有傳統的習俗，然而，口口聲聲說自己「鄉下」在沙頭角的我卻像門外漢一樣，十問九不懂。出自阿爸口中的總是一家親的概念，聲稱家族龐大的他，一直覺得村內幾乎同姓的就是親戚，那棵family tree畫極都畫不出來，每次對著素未謀面或者看似生外[7]卻又滿腔熱情的「親戚」打招呼，慢熱的我就連稱呼都搞不清楚，確實不好意思。禁區跟城市簡直是兩個世界，整條村的居民都安心地大開中門，住在同一條村，大家守望相助、互相關懷的感情就好比親人一樣，人情味甚濃，有沒有血緣關係可能根本不重要，活在城市的我，連同層的鄰居姓甚名誰都未知，識條鐵麼[8]。某程度上，在沙頭角生活能夠與世隔絕，不受外界干擾，可能未嘗不是難得的好事。

遠離城市的繁囂，出海釣魚賣魚，閒時捉棋打麻雀[9]，食飽睡好，又過一日。住在「鄉下」的生活原始，人的思想自然簡單得多，不求富有，但求生活滿足就夠。雖然普遍沙頭角村民的思想傳統保守，女的夠鐘就要嫁人，然後煮飯生仔，男的就要出外賺錢養家，但正正因為跟隨傳統，一切便直接得多了，沒有太多複雜的思想，也沒有太多其他令人迷失的干擾或者誘惑，生活才可過得簡單。

兒時的我在大時大節也曾經在沙頭角跟其他小朋友一起玩沙炮，猜樓梯，捉迷藏，玩燈籠，放煙花[10]，但慣於在城市生活的小朋友慢熱又害羞，好像總不及村內的小朋友玩得盡情奔放，確實不易打成一片，也沒

有太享受。可能三歲定八十，即使今天看見沙頭角居民的生活寫意，但我自知這種生活模式不夠滿足我對世界的好奇和野心，我也不甘於安守傳統的角色。這種反傳統的心態在被「親戚」問候幾時拍拖結婚尤其明顯，我看得出他們發自內心的關心，因為在他們的認知，女人就是要有婚姻，有兒女才叫幸福，只是對於這種例牌式的問候，多年來我仍未習慣，一年一次都嫌多。

對於我來說，既不在沙頭角長大，一年又最多到訪幾次，分分鐘飛日本的次數還要多，其實似訪客多過「同鄉」。老一輩好像都會説落葉歸根，説沙頭角是我的根嗎？好似有點牽強，我感覺自己不屬於這裡，但又説不出是毫無關係的，我不曾住在沙頭角，但沙頭角又好像住在我心裡的某小角落。這種莫名奇妙的連繫，有點像用Google map時未能準確locate一個地方的位置，然後GPS定位好像失靈一樣在亂跳，這種捉不到的心的距離未能定位，不知遠近，很不實在。只能説此刻的我好像未確切地尋到根，往後的時間會找到嗎？又或者其實是人人都有尋根的需要嗎？出國會偶然思鄉病發作，但每次我想起的就只有香港，Home Kong就是我的家鄉，而沙頭角這「鄉下」呢，好像從沒想念過。

家就像是一處有瓦遮頭的避風港，作為長女，自小受父母萬千寵愛，連同幾個工人姐姐聯手照顧到無微不至，即使被望女成龍，受盡虎媽式教育，長大孝順也是基本；作為家姐，自小就被訓練要做個好榜樣，凡事遷就細妹，兩姐妹有商有量。這兩個角色，我好像還未演夠，就已經不知不覺被換角了，新的角色要我投入更多在大大小小的家庭決定，對這個家有更大的承擔，肩負照顧父母的責任，我自問演得很差勁，在很多事情上，反而要父母和細妹照顧。小時候去韓國有父母安排，一家四口跟團，今日變成跟旅伴兩口子去韓國自駕遊，彷彿家的角色，家的定

義，遲早都無可避免有所改變，唯一不變的是家人就是會義無反顧，無限包容，讓我盡情做自己，大概就是這樣吧。然而，說香港是我家，今天的香港，是否真的會包容我盡情做自己呢？

過往30年的大時大節我都會跟隨家人一起到沙頭角掃墓祭祖，但再過30年呢，那慎終追遠的精神會長存在我這個自覺身分模糊的「同鄉」身上嗎？每逢婚嫁喜事，大媽們都會出力助陣，以熱鬧的龍船舞祝賀新人，但當下一代陸續遷出市區，這些習俗又得以傳承嗎？在村內打醮食盆菜的文化習俗又會繼續由城市「同鄉」薪火相傳嗎？即使有心有力，更殘酷的可能是面對外來的干預，禁區是否還可以守得住呢？

就在早幾年前，由於沙頭角一帶被大力發展成為旅遊區，於是將部分原本位於沙頭角禁區內的範圍對外開放，結果禁區縮水[11]了，過關防線壓後了，接踵而來的就是改變。凡事有兩面，改變不一定是壞的，但當見證著原本的雀鳥棲息地變成了農莊、釣魚場和war game場招攬遊客，作為半個「同鄉」，只覺得破壞了原本的安寧，興建這些毫無特色的場所，除了增加區內就業率之外，我想不到任何正面意義。部分村民被解禁了，不再需要用禁居紙出入了，但所謂的「方便」是他們都想要的嗎？

誰又能保證假以時日，禁區不會被要求全面開放來振興中英街的旅遊經濟呢，繼上一次小試牛刀，局部開放禁區後，就已經改變了昔日的光景，難保他日衝破底線被迫全面開放，甚至連中港兩地的界線也可能不再存在，香港原汁原味的沙頭角漁村風情就不保了，是會變成另一個比上水更大規模，更方便水貨客的購物天堂，還是軍營呢？今天連南北韓的界線都可以一夜間消失，誰敢說關口沒有消失的可能，可能從此中港兩地自由進出，融為一體，用同一個部隊，食同一個部隊鍋。

那時恐怕是多不想變也不得不變，奮力捍衛都難保傳統了，只得軀殼而沒有靈魂的沙頭角，物是人非，我的「鄉下」就此蕩然無存，在沙頭角度過童年的弟兄姊妹面對有家歸不得，痛失家園，只會比我更惋惜。

今日在武肺疫情下，安守家中的時間多了，我沒有追上潮流翻炒《愛在瘟疫蔓延時》，卻居然終於第一次跟家人排排坐在梳化[12]前看《愛回家》。我還跟全港學生一樣，在家中上了一課，發現人大了反而會衰退變蠢，原來當年小學雞就已經學識的技倆是最有效的，與鄰座劃清界線，留守自己領土不過界，不失為最原始，最簡單，但卻是最有效的方法保護自己，守護家園。香港如是，沙頭角也如是。

沒有全面閉關，那可否閉門思過呢？

#尋找他鄉的故事　#異鄉人　#心的距離

註

1　「快閃遊」是說走就走，甚至不用請假通知上司的快速旅行，通常周五晚出發，周日晚或周一清晨回港，然後正常上班。

2　「返屋企」是回家的意思。

3　黑是「倒楣」的意思，在這裡有雙重意義，「黑」又可解作「黑道」，即非正派的意思。

4　「撞樣」是面貌很相似的意思。

5　「小學雞」形容小學生，帶有幼稚的意味。

6　俗語的「水」，可解作「錢」，常用的字如「踏水」（即富有）、「科水／磅水」（即付錢）、「蝕水」（即虧本）。

7　「生外」是疏遠，見外的意思。

8　「識條鐵麼」是潮語，直譯為「懂甚麼」，解作甚麼都不懂的意思。

9　「打麻雀」是打麻將的意思。

10　「放煙花」是放煙火的意思。

11　「縮水」是變小或收窄的意思。

12　「梳化」是沙發的意思。

#炸雞定人參雞

#分裂的終點_統一的起點

\#站在南韓眺望北韓農地

板門店DMZ非武裝地帶　　\#南韓最北的車站　　　　　\#劃清界線

Flawless
Fake news
Film the truth
F. for Fans of Hon
Freak out FF
Fate F
Fatal Failure
Fire a gun
Freedom
F word Flashlight attacks!
Foreign Forc
Fear about the Future
First-aider =
Forward thinking
Friction between the blue and the
Fortune-telling Family dispute
Fo

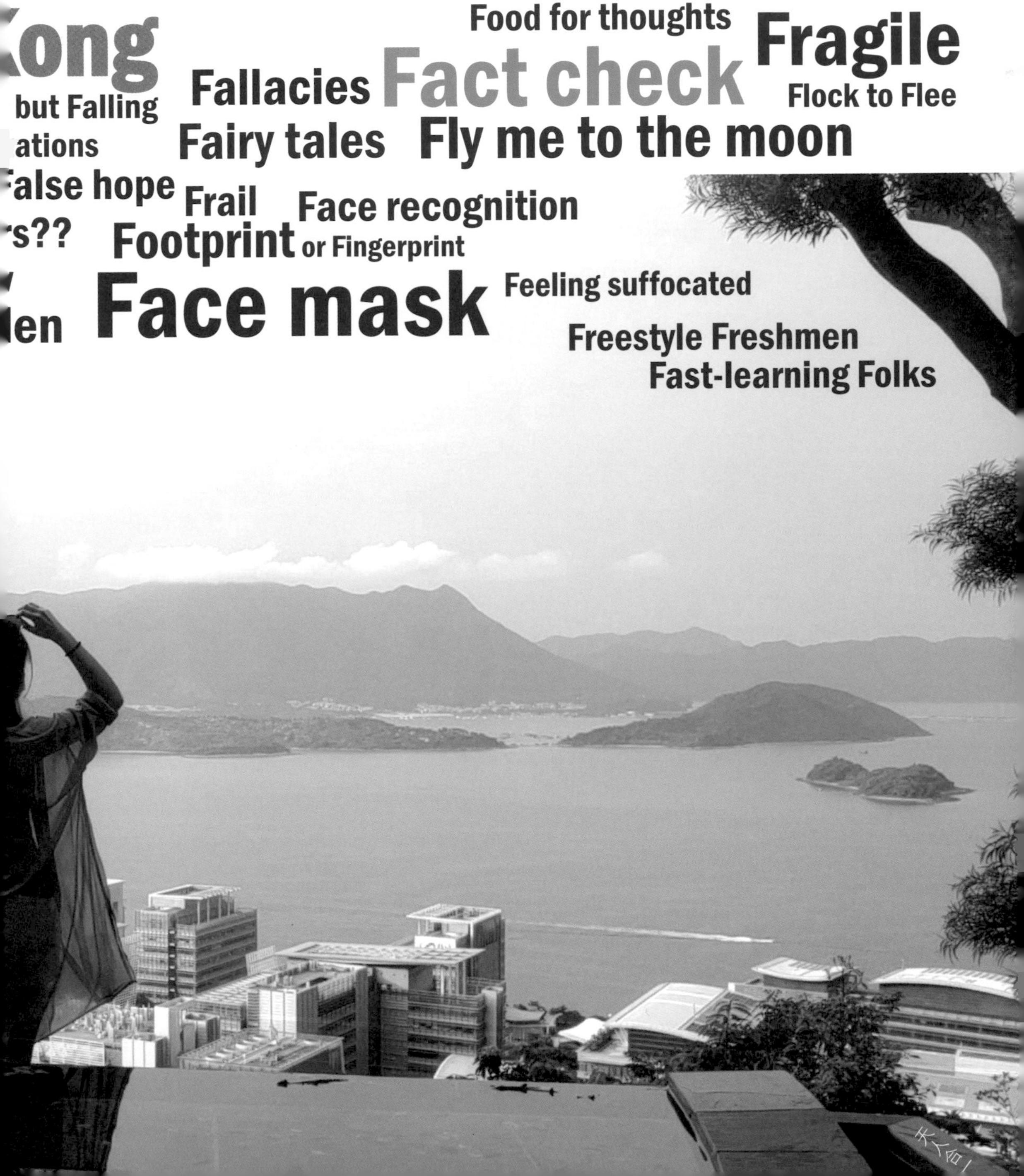

ong

but Falling

ations

alse hope

s??

en

Fallacies

Fairy tales

Frail

Footprint or Fingerprint

Face mask

Food for thoughts

Fact check

Fly me to the moon

Face recognition

Feeling suffocated

Freestyle Freshmen

Fast-learning Folks

Fragile

Flock to Flee

奇人旗事

在瑞士食芝士火鍋是常識吧。

當然，身處有美食天堂之稱的香港，其實都可以品嚐傳統的瑞士芝士火鍋，而且聽聞位於九龍半島那間高級酒店裡的瑞士餐廳頗有水準。不過，即使食物再美味，質素再高，也絕對吃不到瑞士那種獨特的人情味。

在一個飢寒交逼的冬夜，我拖著疲累的身軀，走在日內瓦的街道上，幸好Google大神在我僅餘的體力耗盡前，把我帶到一間格外溫暖的傳統瑞士餐廳。誰不知餐廳已經滿座，於是侍應請我們在店外等候，期間有兩位說著法語，貌似當地人的外籍中佬走進餐廳。曾經在不同歐洲國家遊歷或生活過的華人可能或多或少都體驗過不同程度的歧視，我當時已經預了隨時有被打尖¹的可能，誰知餐廳侍應誠實地請兩位外籍客人跟隊。一直認為排隊未必是理所當然的我，此刻好像有點喜歡了瑞士這個地方。

餐廳的設計充滿瑞士色彩，四面牆壁都用上淺色木材以達至冬暖夏涼的效果，而餐桌上則放滿了田園風格的布藝裝飾，明明身處大城市卻好像走進了農家一樣。瑞士火鍋大致上可分為幾類，當中包括最為人熟悉的芝士火鍋、較少餐廳供應的炸肉鍋、以藥材為湯底的中式火鍋及作為甜品一流的朱古力火鍋。

在瑞士的第一頓晚餐，就率先來個傳統的芝士火鍋。來瑞士之前，我這井底蛙只在香港某連鎖集團食過季節性供應的芝士火鍋，配料非常豐富，有菜有肉有海鮮。今次大鄉里出城，眼見侍應上完面前的芝士火鍋，麵包以外，還是麵包，心想那幾十歐就這樣食麵包放題完了嗎？頓時驚覺自己連莊閒都未識分，所謂芝士火鍋，主角當然是芝士，還可以將酒精或黑松露等不同配料加入芝士鍋底，然而平日食碗仔翅[2]也只有碗仔沒有翅，食芝士火鍋有芝士又有火鍋，還追加了香檳倒入芝士，誠意滿瀉了。

相機食完之後，我嘗試用上一代人食碗仔翅的心理品嚐芝士火鍋，食芝士麵包當上菜，而事實上這價錢對我來說的確是上菜，先用長叉將麵包沾上一層厚厚的熱溶芝士，長長的芝士拉絲似斷難斷，旅伴和我食到滿檯蜘蛛絲。眼見在場幾乎大部分的食客連碟都想吞埋，我也不忘跟自己說「芝」味無窮，平日食鹹魚白菜也覺得好好味，就讓我嘗試愛上芝士和麵包吧。可惜口裡說得，身體卻很誠實[3]，芝士中的酒精隨著加熱而逐漸揮發，酒味越吃越濃，一杯即醉的我開始全身熱血沸騰，素顏都變紅顏，真不爭氣，幾小塊芝士麵包就已經把我灌醉塞飽了。明明酒量、芝士量、食量都比不上，為什麼要硬食[4]扮好食呢；明明連Gruyère和Raclette Cheese都未識分，憑什麼學人談品味扮食家呢；明明食開碗仔翅的港女，為什麼就偏要扮上菜呢？

坐在旁邊一對真食家不時怒睥[5]我們，大概是看不過眼，在鄙視我們儀態盡失，浪費食物吧，就在這對中年外籍夫婦準備離開之際，怎料他們竟然出奇地走過來向我們送上幾粒朱古力，然後面帶笑容說「Welcome to Switzerland」，係愛呀[6]！回了一句多謝之後，夫婦兩人便離開了。以這種真摯的方式歡迎素未謀面的過路人實在令人既驚喜又滾動[7]，太Sweet/

Swiss了，芝士未溶完，我的心已經被暖男的朱古力融化了，霎時的滾動之所以深刻可能是因為從未試過在異國，尤其是歐洲，被如此溫暖地歡迎，我不得不承認在半天之內已經喜歡了瑞士。

仔細一看，才發現被贈送的朱古力都以紅底白十字，即瑞士國旗包裝。就憑當地人隨身也能找到印有自己國旗的物品，我相信他們是打從心底裡熱愛自己國家的護旗手。其實，我發現瑞士的產品之中，不論是本土出產的國際高級品牌，還是平民的日常用品，有不少都在商標印有代表性的瑞士國旗或國徽（如T腕錶、S手錶、V萬用刀等），還有以國家地標馬特洪峰為記認的三角朱古力。究竟是什麼驅使瑞士國民有如此強烈的身分自我認同感呢？莫非是靠立法強制？對香港人而言，莫說隨身攜帶，從家裡到街上都可能找不到一件印有區旗或區徽的物品，從商業角度，這並不難理解，兩個字，「趕客」。同樣是以紅白為主色的旗幟，何解別國無處不在的十字紅旗就打卡欣賞，但對著另一面紅旗卻又視而不見呢？

明明瑞士這個國家就用語言劃分了法語區、德語區、意大利語區和羅曼什語區，四種語言代表著四種或以上的文化在同一國家並存，也許正正是因為瑞士人習慣了長期處於多種文化的環境生活，所以更能理解文化差異，對外來文化的包容性也特別強，當然這並不是必然的結果，搞不好隨時沿著阿爾卑斯山玩山頭主義[8]，四分五裂。但眼見連在瑞士火鍋這國民美食都融入了中式元素，就可見他們「和而不同」的精神。相反，同聲同氣說廣東話的香港人，不知道從何時開始變成在分化撕裂的社會生活，而且矛盾好像一天比一天更深，這又是為何呢？

在港人的深層次矛盾得以化解前，不得不佩服有二百萬加一位奇人異士

選擇盡地一煲，就好比要在嚴冬大雪下征服少女峰一樣，幾乎是明知不可為而為之。在山腳風大雪大，未知可否達成目標，成功目睹少女峰之前，就先支付了昂貴的車票，加上冒著高山症的風險，耗盡體力攀山，雖然最後可能得不償失，但志在嘗試過。旅伴和我在登上少女峰的那天，果然有輕微的高山反應，頭痛也只能堅持著，但由於能見度太低，只見白濛濛一片，也分不清是雪還是霧阻擋了視線，反正最終就是與少女峰緣慳一面。代價是付出了，目標卻達不到，固然感到可惜，但至少踏足過，曾經與少女峰的距離好近好近，雖然看不到少女峰最美的一面，但能夠與同路人一起感受少女峰的淒冷，也是另一種風景，另一番體驗，算是不枉此行。其實，從天氣報告的預測，早已知道看到少女峰的機會十分渺茫，但仍然懷有一絲希望會有轉機，如果連希望都沒有，博都不敢，事後一定會有遺憾。自問不是山系旅人[9]，但這卻是我認為應有的「獅子山精神」[10]。

瑞士擁有美麗大自然的同時亦致力保護環境，善於發展高端產業的同時亦為傳統的農產業保留空間，包含多種語言及文化的同時亦能和而不同，確實令人羨慕。瑞士人既愛自己的國家，又如此包容其他種族，怪不得可以成為和平的中立國。

其實，瑞士有阿爾卑斯山，香港也有瑞士沒有的獅子山；瑞士有芝士火鍋，香港也有瑞士沒有的港式火鍋；瑞士有十字紅旗，香港也有五瓣紅旗，為什麼就是會葡萄[11]別人，而不會孤芳自賞呢？然後，既然瑞士卷不是來自瑞士，瑞士雞翼也不是來自瑞士，那麼「香港人」已經不是來自香港，又有什麼好大驚小怪呢？

係嗽㗎啦，好出奇呀？

1　「打尖」是插隊的意思。

2　「碗仔翅」是港式街頭小吃，是用粉絲仿魚翅的湯羹，看上去像酒樓的魚翅湯。昔日的平民吃不起魚翅，但碗仔翅的出現讓平民也可以像富豪一樣吃「魚翅」。

3　出自潮語，原句是「口裡說不，身體卻很誠實」，這裡按上文下理改為「口裡說得」，指言語和行為有矛盾。

4　「硬食」是指硬著頭皮，被迫勉強自己。

5　「怒睥」形容怒目或者用不友善的眼光凝視。

6　「係愛呀」是潮語，出自電影《哈利波特》中的一句對白「係愛呀哈利」，用來形容很有愛的事。

7　「滾動」即感動的意思。

8　「山頭主義」是指各立派系，各自為政的態度和做法，互不相干。

9　「山系旅人」指去旅行喜歡爬山或攀山的人。

10　昔日香港的「獅子山精神」指刻苦耐勞、同舟共濟、不屈不撓的拼搏精神，今天的「獅子山精神」被下一代指過時並重新定義，有著重本土意識的傾向，但沒有被清晰定義和達到共識。

11　「葡萄」是潮語，指因得不到而嫉妒或羨慕的意思，形容酸溜溜的感覺，出自「吃不到的葡萄是酸的」。

#炸肉鍋

#朱古力火鍋

#瑞士人係火鍋L
#芝士火鍋

#中式火鍋

少女峰（Jungfraujoch）
#少女峰山腳　#歐洲最高火車站
#初嘗高山症　#山系累人就有份

馬特洪峰
（Matterhorn）
#三角朱古力山

#食景食飽
#暖笠笠
#坐擁阿爾卑斯山

Leukerbad
#仙氣　#隱世溫泉　#一山還有一山高
#bareminerals　#很治癒
#如果看著我不妨濛一點　#記得著泳衣

孤單北自由

2011年2月・北京

在清華大學交流的短短一個學期算是人生中最carefree的一段時光，留意返，是carefree，不是free，兩者不可劃上等號。曾聽說「自由就像空氣，你只會在窒息時，才察覺它的存在」，就在北京生活期間，我對這句話略有一點體會，開始明白原來自由並不是理所當然，而是要據理力爭。

想當年，大部分的大學同學都極力爭取去外國exchange，就讀英文系的我卻偏偏選了北京清華大學，實屬冷門。無他，錢作怪，父母花在我身上的錢實在夠多，可以的話盡量減輕他們的負擔，加上內地生活的經驗對猶如一張白紙的畢業生求職或多或少有點幫助，更何況對於內地這個與香港有特殊關係的地方，總覺得要親身感受過才有評論的基礎，不致道聽塗說。

話說清華「特別優待」香港交流生，讓香港學生有機會入住本地生宿舍，體驗當地學生的日常生活，價錢相宜之餘，更有助促進兩岸學生交流。想不到在本地生宿舍住了一天，我已經恨不得馬上搬走。

抵達清華當天正值嚴寒，舟車勞頓了一整天，入宿時才發現熱水供應被暫停了。無奈之下，唯有在天寒地凍的黑夜中相約另一位中大交流生亨利，一起踩單車[1]到校園另一端的公共澡堂沖熱水涼[2]。介紹返，亨利是個女生，她是傳理系的學霸，我跟亨利在思想上南轅北轍，像是兩個世界的人，但我們之間卻好像有種莫名奇妙的緣分，嚴格來說，我們的相識並不始於清華，而是透過一封email結緣而打開了彼此的話匣子，我曾經

以心急人上[3]的身分向她提問，後來因為清華才發現原來她就是曾幾何時以過來人身分送上詳盡解答的亨利。最不可思議的是畢業後，我們居然前後腳加入了同一間充斥著辦公室政治的公司，不約而同在同一個部門打工，當時初出茅廬的我只敢冷處理[4]我們的關係，私底下相認後，我順手在手機上將她的名字改為亨利，免得招惹閒言閒語。

在清華的第一個晚上，亨利和我在公共澡堂沖完涼便踩單車回宿，看著單車上的我們一身羽絨加睡衣的裝束，再用毛巾包著洗濕了的頭髮，我倆都忍不住大笑自嘲，好在天色夠黑，「騎呢」[5]的樣子看得不太清楚，整件事只可用古靈精怪來形容。

沒有最荒謬，只有更荒謬。原來平日宿舍只會在下午五點至晚上十點供應熱水，還有用水沖涼是計錢的，十一點後房間更會全面停止供電而變得烏燈黑火。天呀，這究竟是什麼玩法，怎麼連享用最基本的水電都好像變成一件奢侈的事情！想避免摸黑就要學當地學生自備充電檯燈，方能挨過無數寒窗苦讀的晚上。

以為在宿舍的公眾地方如樓梯、走廊和洗手間等全晚都有燈光照明還好，但去過洗手間後，卻寧願燈光可以暗淡一點，實在太嘔心了，廁所牆上居然貼了一塊血淋淋的m巾[6]，而沖涼的幾個花灑之間也沒有門分隔開，隨即腦海不禁幻想當自己在沖涼，而旁邊也在洗澡的女生剛巧遇著period，雙腳便會不知不覺地站在血染的紅海中，避無可避，真的沒有想像過會在全國頂尖學府遇上有如《監獄風雲》的場景。離開洗手間時，剛巧有女生在洗手間內拔去洗衣機的電源，轉插自己的手提電腦，心想這不就證明了強制性斷電是自欺欺人嗎？把這些說出來不是為了標籤或者公審當地學生，同樣的情況，甚至更不堪都有可能在任何國家出現，

香港的大學宿舍也不排除出現過更惡劣的個別情況，而且事隔超過十年，今天的宿舍環境也可能面目全非，只是當時對校園的第一印象實在太深刻，不得不記下來。

那天晚上，我徹夜難眠，不斷在掙扎是否應該入鄉隨俗，學習適應這些文化差異，嘗試證明別人能過活的，我一樣可以。但另一邊廂，我討厭以種種制度監管成年人，美其名省電節源，其實是設下防線規範了學生的生活，間接強迫學生養成晚上不外出，十點前回到宿並洗完澡，十一點前入睡的規律，說難聽點，與軟禁沒差。難得離家，我實在接受不了被自己家長更專制的模式管束。

雖然住在本地生宿舍很難接受，但再想想，交流的目的不就是要訓練自己的適應能力嗎？我還是決定給自己一星期的時間嘗試適應，如果真的受不了才申請調到國際生宿舍。然而，對於四肢肌肉貧乏的我，每次如廁都好像是個考驗，皆因洗手間只有踎廁[7]，並沒有坐廁，肌肉不是一夜間可以練成的，加上其他各種限制，不出一星期，我決定放棄了。當然，大可以說我有公主病，從小嬌生慣養，港女吃不了苦，畢竟大部分的香港同學都捱過了一個學期。但對我而言，捱過不是不能的，只是撇除錢的因素，我實在想不到任何合理的理由將自己困在這裡，默默地努力適應自由被剝削的生活，何苦呢？每次上網要翻牆就已經夠煩，為什麼連基本生活習慣都要受到諸多限制呢？難道早睡早起就是好學生，晚上外出又一定是壞學生嗎？何以見得生活習慣跟學術成績有必然關係呢？其實，平日上課也可與本地學生交流，在國際生宿舍亦可認識來自不同國家的學生，正所謂錢可以解決的問題便不是問題，一於申請轉宿。

可能這是任性，但絕無敗家[8]，我只是將生活費重新分配過，住宿洗費大了，便減省其他開支，捨棄了跟同伴去其他城市旅行，但堅決地挽回了從前以為無需任何代價就可獲得的自由。慶幸的是，國際生宿舍的價錢只是貴一點，尚算負擔得起，如果太貴，我根本連選擇搬家的機會都沒有，而那些年的我大概也只會逆來順受。作為在香港土生土長的學生，從小就被教育要服從校規，不論你是否認同校規或者校規是否合理，違反校規就必然要受罰。我自問是一名乖學生，甚至乖到被老師選為風紀隊長，但不等於我盲目認同一切老師的話，只是很多時根本不敢以批判性的思維跟老師理論作對，沒有膽量成為老師眼中的「壞學生」。

清華並沒有對海外留學生預設同樣的規矩，起碼國際生宿舍二十四小時全天侯供應熱水和電源，甚至連男女都可以住在同一座宿舍大樓，而且房間的環境也比本地生宿舍好得多，難怪海外留學生的宿位那麼緊張。我不惜費盡唇舌，用種種原因說之以理，動之以情，才能成功爭取一間孤獨單人房。另一名香港學生遲了一步，最終無法成功轉宿，唯有在校園外租住公寓。可想而知，「特別優侍」香港學生住本地宿舍的「福利」可能本來就因為國際生宿舍求過於供而有必要的。難道只有本地生宿舍才有節省電源的必要嗎？讓國際生走在一起，即使他們喜愛夜蒲，荒廢學業，本地生也不會近墨者黑，被耳濡目染。姑勿論大學的本意為何，我實在受不了以這種軟性綑綁式的手法迫學生守行為，達至學校認為最理想的結果，更不用說那些冠冕堂皇的官方理由。

如果說學校是社會的縮影，那麼我所身處的清華大學，究竟反映了一個什麼樣的社會，甚至再延伸一點，是一個怎樣運作的國家呢？當時的我，只是不時提醒自己要保持思想開放，避免以偏蓋全，妄下定論。

後來，有幾位勇氣可嘉的香港交流生在六四當日到天安門廣場各自手持一個反轉了的瓶子，安靜地站在一起合照，然後嘗試在人人網（即內地版的面書）上用相出帖子，結果不出一會兒，404 Not Found[9]！其實，被河蟹[10]是意料之內，但當目擊著資訊被封鎖，見證著事實被刻意隱瞞，十年前的我不得不思考人在內地，一言一行究竟有多自由。諷刺的是，此刻的我其實根本不能置身事外，因為連在寫這一篇文章都思前想後，多番自我審查。

我曾經以為自己可以安於做不理世事的港豬，但你不找政治，政治也會找上你。在北京生活過短短幾個月就親身在校園感受過自由被剝削，又重新發現自己原來在痛失自由才會努力掙扎。在清華，不想住本地生宿舍，仍尚有一絲希望爭取搬往成本稍高一點的國際生宿舍，但如果香港變得不適合居住，那還可以搬到哪裡呢？

個人認為清華大學作為內地首屈一指的學府，說它是中國的寫照應該當之無愧，除非不是。作為暴大[11]出身的廢青一名實在自愧不如，除了那間孤獨單人房，在清華自然也無容身之地，只能說我輸了。

填鴨[12]，果然是北京比較有名。

註

1　「踩單車」是騎自行車的意思。

2　「沖熱水涼」是洗熱水澡的意思。

3　「心急人上」是網上留言的署名，一般在急於想得到回覆時用。

4　「冷處理」是低調處理的意思。

5　「騎呢」是古怪，怪異的意思。

6　「m巾」是衛生巾的意思。

7　「踎廁」是如廁時只可以蹲著的廁所。

8　「敗家」是揮霍浪費的意思。

9　「404 Not Found」是找不到網頁時的頁面顯示。

10　「河蟹」是和諧的諧音。

11　「暴大」指暴徒大學，即香港中文大學。香港中文大學因被指踴躍參與社會抗爭運動而被汙名化為暴徒大學。

12　「填鴨」原本是烤鴨的意思，在香港也常用「填鴨」形容教育，即灌輸式教育的意思。

#前門大街的老舍茶館　　#老舍茶館與老舍沒有直接的關係
#純粹店名取自老舍的著作《茶館》

#得閒飲茶　#免費皮影戲　#京味兒

#The Great Wall = the WALL is "GREAT"

#不到牆長城非好漢　#翻一翻先_呀唔係_係攀一攀先啩_唔好搞錯
#老師教落最緊要正字正確
#要學好中文　#嚴禁播放從前那首名叫長城的歌

#沙塵暴　#棉花暴　#霧霾　#接二連三

#水木清華

#自清亭　#朱自清

#女生節　#38婦女節前一天　#即係冧女節　#女生的夢想由男生實現　#當然不是連儂牆
#重點是宿舍門牌上的「黨員就在你身邊」

#山寨MIT

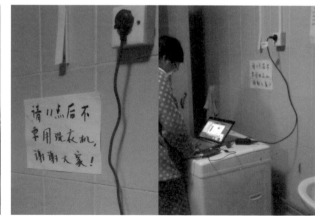

#冇嘢可以阻到佢讀書　#電燈神偷是如何練成的

不行的旅行

#夠薑你就除衫沖涼　　#11點停電是基本

#宿舍實錄　#冇P圖　#給大學生的溫馨提示是沖廁不是衝刺

#金玉其外　　　　　　　#被消失的單車　#404notfound
　　　　　　　　　　　　#偷車賊出沒注意

#清華一百周年　#找重點　#大叔出沒校園表演國技

#表演就是要人多才夠霸氣　#芝麻style

#一地寶自己淘

我的黑人問號

在機場閘口前，阿媽再三叮囑：「記得拎齊三張登機證，唔好漏呀！」連轉三程機確實有長征的感覺，往哈佛之路是這麼近，卻又那麼遠。二十來歲的我向爹娘道別後，隨即就在豬流感肆虐期間，戴著口罩和特敏福展開了人生第一次獨遊。一想到有機會到全世界首屈一指的學府讀書（是真哈佛，不是哈爾濱佛教大學），心裡的恐懼和擔憂都霎時間忘記了。

由香港往台北的客機起飛了，閉起雙眼只見自己與不同國籍的面孔躺在一座座紅磚建築外的青蔥草地上同陽光玩遊戲，一齊吹水[1]望天打掛。從未想過自己有機會踏足哈佛校園，更不用說名正言順取得哈佛學生證，雖然只是修讀暑期課程，也夠我興奮。平日總覺得時間過得太快，不過當刻心急如焚的我在飛機上實在度日如年，恨不得張開眼睛的下一秒就已經盡情擁抱一切新的人和事。

話說第一次單拖[2]出埠，一向大頭蝦[3]的我或多或少有點冇底[4]，我豎起耳聽清楚那普通話廣播的一字一句，了解由台北轉機至洛杉機的事儀，終於排除萬難，順利踏進商務機艙（利申[5]：多得里數富戶的無私奉獻）。人生第一次搭飛機可以攤平伸直雙腳，太梳乎[6]了，十多小時的航程大概夠我發個好夢，一覺瞓天光。可能當年未經過長年累月戴口罩的訓練，在機上感覺呼吸很不舒暢，最終坐商務也一樣失眠，實在有點疲累。

抵達洛杉磯後，第一次過美國安檢，幾乎卸下全身的物品已經夠狼狽，加上從未試過入境好似被查家宅[7]，那態度囂張的職員彷彿將妙齡女子當成恐怖分子一樣。在一片混亂中，我找不到領取行李轉機的地方，甚至迷失了方向，根本不知道自己身處何方，之後何去何從，眼見人人都行李隨身，我突然感到空虛起來，更徬徨地問路人該往哪走，但他們都未能為我指點迷津。多得幸運之神眷顧，最終摸對路再成功轉機到波士頓，正如阿爸所說，今次旅程定會面對不同的挑戰，只是沒想到來得那麼快。

花了超過一整天轉來轉去，終於安全抵達校園宿舍，在路人甲的幫助下，我將行李抬了幾層樓，然後體力透支地把它們安置在房間的一角。然而拋下了眼前沉重的包袱，想不到迎來的卻是一個又一個的心理包袱。

宿舍一個單位有五間房，在入宿不久後，就見到第一位室友雷文，從她的口音就猜她來自新加坡，果然自小就在新加坡長大的她在美國留學了好幾年。我和雷文成為了好友，她是個心直口快的人，說話尖酸，但心地善良。其餘三個室友都不同國籍，但同樣地來自英國的名牌大學。飄娜是個有典型印度特徵的印度女生，輪廓深，膚色更深，她說話時操流利的英式口音，是室友之中最守禮的。另一名室友的initials是AM，我稱她為早安姐。早安姐來自緬甸，後來移居倫敦，為人粗鄙，沒有半點優雅。最後一名室友也是新加坡人，她是宿友中最隨和的，由於她跟幾個朋友一起前來，所以跟她相處的機會不多，在我們五個人當中，我的背景相對簡潔，是土生土長的港女一名。

如果說中大校園是一個市鎮，那麼哈佛校園就是一個城市，萬事起頭

難，我需要時間適應全新的環境。機會嚟喇飛雲[8]，曾經以為這是我夢寐以求想投身的英語世界，但當機會在面前，卻發現有個意想不到的問題——究竟我的英語應該説成怎樣呢，是要繼續港式英語風格，還是該學習瘋狂捲痢的美式英語，抑或要扮英式口音呢？這絕對是愚蠢的問題，但的確困擾了我好幾次。最後，我決定要入鄉隨俗，學習美國人的美式口音，從而更融入他們的圈子，後來也發現自己年少無知，太膚淺了。

一位來自密西根的同學居然誇獎我英文好，沾沾[9]了幾秒之後在想，究竟這是客套説話，還是我的模仿能力不錯，足以掩蓋內心的不安和語言上的不足呢？事實上，我説話表達得極慢，距離暢所欲言還差很遠。每當我有話想説，在腦海都以廣東話出現，然後逐個字翻譯，就好似機械式的貨幣換算一樣緩慢，當我一時想不起如何用英文表達，為免食螺絲尷尬，我寧可不説。

記得有一次，舍長親手準備crêpe歡迎大家，我將crêpe讀成了「crap」。飄娜即時説她喜歡我的讀音，然後問舍長為什麼在整屎（crap）給我們吃，引得大家都大笑起來，我甚至笑得更大聲來掩飾自己尷尬癌[10]發作，看似小事一棕，但卻足以令我紅都面哂[11]，即時沉默了。而事實上，我心裡有話想説，crêpe一字源於法文，法文的讀音是比較近似「crap」，而不是用英文的語音方式讀成疑似標準的「creep」，就好像另一個街知巷聞的法文字「café」，大部分人都會讀成「咔飛」，而不是用英文的語音方式讀成「cave」，但就在那一刻，我竟然不發一語，沒作任何解釋，也沒有為自己辯護，只是停留在被羞辱的感覺，也許是我玻璃心[12]，儘管飄娜未必有惡意，不過也夠樣衰了。我發現説英語的那個我很懦弱，無論心裡再不好受，論點有多強，都不懂反擊。

話説早安姐總是跟我過不去，這不是我的個人偏見，連其他室友都有同感。記得有一次，早安姐説她約好跟朋友去偏遠的名牌倉掃貨，然後就在當天被放飛機[13]了，當時就只有我和早安姐留宿，她好像瘋了一樣，告訴我她有多憤惱，並堅持要在減價完結前自己去一趟。我好言相勸，跟她説路途遙遠，還是最好不要單獨出行，她竟然失控地向我咆哮：「I am not a kid. I travel a lot on my own. I am 23, I am not a kid. You are 20, you are a kid.」明顯地，她當我是出氣袋在亂發脾氣，我確實也憤惱了，但出奇地，我啞口無言。假如她對我説的是廣東話，我誓死跟她開戰，我實在不理解自己哪來的忍耐力，居然可以當無事發生。我忍不住跟室友們分享這件事，她們當然也站在我這邊，飄娜説，她就是知道你從不反擊才這樣，很難相信這是我在別人心目中的印象，説廣東話的那個我好像幾乎不可能被視為軟弱，素來那個不會輕易罷休的我究竟躲到哪裡去呢？我對自己的軟弱感到驚訝又失望。

英式英語和美式英語在發音上算是有明顯的分別，同時我發現在溝通文化上也是截然不同。飄娜在英國長大，説得一口純正的英式英語。她告訴我她不太喜歡另一位l小姐，但她竟然聲稱自己主動邀請l小姐結伴同遊是出於禮貌，更在l小姐面前討好她。另一邊廂，在美國讀書的雷文也不喜歡l小姐，當l小姐邀請她一起去玩，她立即拒絕了l小姐。我在想，究竟是什麼因素令她們有如此兩極的反應呢，是她們所説的語言，還是影響她們的文化，抑或是個人性格呢？某一天下課後，我又遇到類似的情況，一位美國同學跟我説：「不如搵日約食飯。」起初我以為是「得閒飲茶」那種客套説話，沒想到幾天後，她果然pm[14]我。其實，當時幾乎全人類在説英語，但我發現自己很多時都未能領略背後的意思。感覺上，如果大家説的是廣東話，似乎就不會存在這問題，對於這些無休止的翻譯和語言偽術，我實在有點透不過氣。不知不覺間，我跟精通雙語

的雷文説話時開始自動轉台，越講越多普通話，感覺上比較不用腦，然而，總覺得在公眾場合説普通話可能會受人白眼，或許潛意識的我就自動會對説普通話的提高警覺。

不過，即使不説普通話又如何，要發生的就會發生。跟室友們在飯堂食飯期間，好幾次有外國人亂入搭檯[15]，除了飄娜之外，他們居然完全忽略同桌的我們。香港人去茶記[16]搭檯食飯未必會吹水，但在美國只要聚在一起，自然就會搭訕[17]，然而，我實在不明白，明明飄娜和我們額頭上都鑿著是亞洲人，為什麼就可以當我們透明呢，是因為飄娜似印度西施，異常吸引，還是潛意識就自動會忽略黃皮膚的我們呢？我實在不能理解這些外國人的共同價值觀。 當時的我以為自己可以站在道德高地，大條道理做正義旅神，主張人人平等，但後來發覺我也不過是五十步笑一百步。

每逢週末我都會外出，某日逛累了便坐巴士回宿，上巴士那刻見剩下第一行的座位，有理無理便坐下去了，坐在我身旁的是一名金髮索女[18]。巴士停了幾站後，一位衣衫襤褸的黑人中佬[19]上車，他走到我身旁，指著我和金髮索女爆粗[20]，我頓時滿腦子黑人問號，起初以為他有精神病，後來才意會他在咒罵我們年紀輕輕卻獨霸關愛座，金髮索女竟然無動於衷，甚至完全忽略他，恍然大悟的我即時不好意思地起身，然後離他遠遠的，而他隨即就坐下了。

以為讓座給黑人中佬就會息事寧人，誰不知他仍然粗口不絕。這時，身後的老太太跟我説，很多跟他一樣的人都承受了不少。可能是美國白人的老太太也覺得他有點不正常吧，才向我道出「可恨之人必有可悲之苦」的道理，要不是老太太這番話，我還以為被歧視的是黑眼睛黑頭髮

而又缺德的自己。但再想想，他可恨嗎，只不過大聲指出不對的事情，其實錯不在他，我又憑什麼霸著關愛座然後覺得黑人就是神經病呢？我再三反省自己為什麼會先入為主覺得問題不在於我和金髮女郎，而是黑人，難道連我的潛意識也覺得天生黑皮膚就易犯錯，金髮就永遠是對的？我在責備自己的同時，也有點同情他，如果他真的是神經病，那他的神經病是社會有份造成的，我不會認同任何形式的歧視。然而，自相矛盾地，另一個我在想，假如上車的是強國人，而不是黑人中佬，我大概包容不了，也同情不了，是真的做不到，是兩地之間根深柢固的矛盾令我做不到，明明我就知道錯不在強國人，錯在社會的霸權和決策，但即使強國人被歧視，我也只會「哀其不幸，怒其不爭」。實在是太切身，我客觀不了，也騙不了自己，我不是聖人，我做不到，神經質的其實是我。

說到這裡，我想起第一堂課所發生的小插曲，鄰座的同學問我來自哪裡，我毫不猶豫地說香港，然後他居然說他也認識另一位來自中國的朋友。對於他的回應，我有點驚訝，當時我嘗試說服他香港不可與中國劃上等號，然後他問：「但香港不是中國的一部分嗎？」我回應說：「你可以說香港是中國的一部分，但香港與中國內地有不同的政府，香港人需要特定的證件過境往返中國內地，那麼兩地是否一樣呢？我覺得不是，但我不得不承認自己是Hong Kong Chinese。」這是我第一次思考自己真正的身分，我以為人人都知道香港不等同內地，但原來非也。事隔十年後的今日，究竟外國人眼中會覺得香港人與中國內地更相近，還因為一連串史無前例的社會運動而認為兩者不可相提並論呢？

對於人的身分是由自己界定還是社會賦予是值得商榷的問題。我在飄娜的房間看見她書桌上的英國護照，我告訴她曾經我也用過一樣設計的BNO[21]。早安姐剛好經過，她急不及待插嘴說：「我也有英國護照。怎麼了，你沒有嗎？」我在想，手持哪一款的護照真的那麼重要嗎？至少她們倆都不是英國人，那本英國護照就真的反映了她們是誰嗎？當時只有特區護照的我在想，難道手持BNO就高人一等嗎？從雷文的口音知道她來自新加坡，從飄娜的輪廓知道她來自印度，到底護照、口音和膚色又有多能夠反映我是誰呢？當談及身分這個複雜的問題，這些所謂的證據都好像顯得沒有太大意義。然而，十年後的今日，只能笑自己當年年少無知。

隨著時間過去，我生理上越來越適應當地的環境，但心理上卻越來越抽離身處的環境。我已經調整好生理時鐘，背熟了穿梭巴的時間表和飯堂一日三餐的供應時間，不過，越說得多英語，我就越感受到自己華人的基因。在這裡我好像失去了平日熟悉的自己，但同時也更了解自己。突然覺得「情感有若行李，仍然沉重待我整理」[22]，我忍不住打開旅行喼[23]，收拾行李的同時也整頓思想，見到當時去程的三張登機證，想起一路走來不易，由廣東話轉普通話再轉英文，轉來轉去，原來我開始想念可以盡情說廣東話的日子，面對著眼前這個熟悉又陌生的自己，我不想在凌亂的思緒中糾纏了，於是將三張登機證都撕爛了。

#whoami？　#別問我是誰　#有色眼鏡　#自我身分認同
#香港人　#問我　#有幾多個我　#情感有若行李仍然沉重待我整理

1 「吹水」是聊天，或者講廢話的意思。

2 「單拖」是獨自，一個人的意思。

3 「大頭蝦」形容一個人粗心大意，丟三落四。

4 「潽底」形容驚慌，害怕，擔心或發生事件後臨陣退縮，不敢繼續做下去的意思。

5 「利申」是網路上利益申報的縮寫，有表明立場或增加說服力的用意。

6 「梳乎」是「舒服」或「soft」的諧音，在這裡是舒服的意思。

7 「查家宅」的意思是問長問短，探究別人的底細。

8 「機會嚟喇飛雲」源自一套日本動漫中，香港配音動畫的一句對白。被網民形容出現一些難得的機會，應好好把握。

9 「沾沾」是潮語，「沾沾自喜」的意思。

10 「尷尬癌發作」是感到很尷尬的意思。

11 「紅都面晒」其實是「面都紅晒」的意思，當初把話說錯了，後來卻成為了潮語。

12 「玻璃心」形容脆弱敏感，容易受傷，因為玻璃造的東西特別易碎。

13 「放飛機」是爽約，放鴿子的意思。

14 「pm」是private message的縮寫。

15 「搭檯」是跟陌生人同坐一檯的意思。

16 「茶記」是茶餐廳的意思。

17 「搭訕」是主動跟陌生人講話的意思。

18 「索女」是正妹的意思。

19 「中佬」是指中年男人。

20 「爆粗」是講粗言穢語的意思。

21 BNO是British National Overseas的縮寫，屬於英國發給海外公民的護照之一。

22 此句為香港著名歌手陳奕迅的歌曲〈歲月如歌〉的歌詞。

23 「喼」是行李箱的意思。

#成世女住過最大間嘅房　#在哈佛的日子
#真哈佛　#不是哈爾濱佛教大學

#波士頓名物
#免費忌廉周打蜆湯放題
#一人一票投心水佳麗
#周打蜆湯都有普選

#哈利波特的飯堂　#一日三餐的飯堂

#慶祝7月4日國慶的周打節

#what_the_crêpe   #hall_pantry

Widener Library

#回到校園時   #推介學生帶隊的免費導賞團

Annerberg Hall
#自己waffle自己做   #真係成個餅印   #窩夫都型過人

奴隸獸與他們的產地

我想説，睇[1]空姐並非男生的專利，麻甩[2]的我想分享被制服誘惑的第一次。

踏上夢幻客機，只見金髮空姐掛著烈焰紅唇，披著由西太后設計的焰紅大褸，一雙長腿穿上火辣的惡魔紅斗令踭，在紫光機艙的狹長走廊上一個接一個行走，彷如置身時裝騷。似是名模的空姐身材高䠷，雖然目測熟女為多，但高貴優雅，臉上露出冷艷的笑容，性感而不暴露，所散發的成熟女人味不敗給粉嫩少女味，除了坐商務艙之外，很久沒試過搭飛機有如此深刻的印象。視覺上的驚喜一時激發起我對這趟旅程的期待，在萬紫千紅的陪襯下，我以極大反差的休閒裝束登機，展開了英倫之旅。

一個華麗轉身就走出了大紫大紅的時裝騷，旅伴和我落機後馬上趕去看莎士比亞的經典劇，明知坐長途機會失眠，又未適應日夜顛倒的時差，居然先睇場大戲扮文青。無他，旅程期間就只有在到步當天才上演較感興趣的劇目，既然票已買，唯有頂硬上。

走進圓拱型的莎士比亞劇場，有穿古越今的感覺，場地參照昔日劇場的設計重建。室內劇場漆黑一片，一排排沒有椅背的長凳面向三面台，密密麻麻，令人迫不得已親密起來，是頗適合偷情的地方。在這裡看劇，座位擠迫之餘，舞台與座位距離也很近，而且演員更一度飛撲向觀眾，倍感熱鬧。這種距離感與平日在港觀賞舞台劇很不一樣，一般香港劇場

的環境寬敞舒適，甚至提供字幕中英對照，表演者與觀眾保持距離。當日即使演員與觀眾有互動交流，距離再近，沒腰骨的我也不時要用手扯著眼簾，最後勉強在沒椅背下挨過了三個多小時，旅伴呢？由上機前至落機後大約有四十八小時沒洗澡，他緊張自己的髀罅[3]多過台上的莎士比喇。對於劇情，其實已經記不起，當天可謂感受氣氛多過欣賞內容，看來我們連偽文青都裝不了。

我必須解釋，不是演出不精彩，只是當中文文言文都聽不懂的時候，又豈能在零劇透加沒有字幕的情況下憑三腳貓功夫完全理解英文文言文，加上當天的精神狀態根本難以專注，而我的專注力更多時候其實不由自主地落在鄰座的喉糖婆婆身上。

喉糖婆婆是個外表平凡的外國婆婆，她在看劇期間瘋狂咳嗽，如果平日在香港公眾場所遇到老人家狂咳，我都會盡量彈開十尺，皆因不少老人家都傾向張大口放聲咳嗽，口水四濺，甚至隨地吐痰，失禮之餘也極不衛生。喉糖婆婆之所以引起注意，全因她多次咳嗽但都幾乎不發一聲，只是努力掩口，然後不斷鬼鬼祟祟地從手袋取出士多啤梨味的喉糖，連「啪」喉糖那一聲都刻意壓止，充分表現出對禮貌和儀態的重視。全靠喉糖婆婆的士多啤梨香味，令我精神為之一振。走的時候，喉糖婆婆向我微笑，我想告訴她其實我都想食一「甩」[4]，說起來，當時的畫面實在適合拍成士多啤梨味喉糖廣告。

我身穿色彩鮮艷的羽絨走出復古劇場，感覺自己與這英倫風格格不入。在充滿懷舊風情的大街小巷漫步，更覺得倫敦與平日所身處的現代化都市形成強烈對比，明明倫敦和香港都是數一數二的國際金融中心，但城市風貌卻截然不同；明明初次踏足這片國土，但卻有似曾相識的感覺。

看著無處不在的皇冠標誌，自兒時之後就幾乎絕跡的郵筒，還有一架架紅色的雙層巴士在身邊擦過，我不禁想起「有個貴族朋友在硬幣背後，青春不變名字叫做皇后」[5]，大概這種獨特而奇妙的距離感就只有在大不列顛才能體會到。由於皇后大道東上確實並無皇宮，今次遠道而來，當然要慕名前往白金漢宮朝聖，看不到「面善又友善」的皇后，也大可做個門外漢，一睹傳說中的換兵儀式。

第二天，還未睡醒就已經出發到皇宮，抵達時只見皇宮已被一層層的人牆包圍，彷彿觀眾都做了女皇兵一樣在外圍守候。在萬人景仰的女皇陛下面前，不用點指兵兵，都知道不論是前線的御林軍，還是在外圍觀賞的我們，其實都是她的「兵」。招兵自然少不了買馬，只是沒想到馬匹居然還真的會在人群之中出現，果然疊馬[6]，很難想像今天的皇家警察仍會策騎著活生生的馬匹指揮人流，維持秩序。萬一發現扒手[7]，然後向騎著馬的警員求救，他們會怎樣反應呢？是快馬加鞭追捕兇徒，還是原封不動，坐視不理呢？不過，即使在守衛深嚴的皇宮之外出了意外又如何，反正從來皇宮內外都幾乎是兩個世界，大概沒有什麼比展示皇室貴族的排場和氣勢更重要，可能演好這場大龍鳳才是御前侍衛的正職。

我不是娘娘，也沒有收過兵[8]，但深明做兵總會幻想有派軍糧[9]的一天，而作為女皇兵的我，不時都想寫封信給她。雖然明知絕大機會都是由女皇辦公室的御用代筆代勞，但仍然期望能成功引起她的注意，收到她的回覆。試想像自己拖著疲累的身軀，放工回家的某一天，發現收到女皇的回信，教人如何不振奮。

正正是這些堅離地[10]的奢華細節積少成多，不知不覺就將皇室成員塑造成一人之下，萬人之上。皇室貴族的超然地位為上流社會建立典範，令人

仰慕崇拜，甚至盲目追隨。個人認為從歷史保留了皇室的社會，可能階級觀念都會相對較重，容易令人不自覺地比下去。平民百姓看著皇室成員珠光寶氣，笑面迎人，表面風光和諧，然而眾所皆知，皇室貴族有眾多潛規則，一個微表情，一件配飾都可能內有玄機，他們的言行舉止都被評頭品足，一舉一動隨時轟動全城，甚至在世界各地牽起一發不可收拾的討論。老實說，長期在與世隔絕的城堡過著如此拘謹的生活，到底那裡是皇宮還是監獄？我很想知道。

難得來到倫敦，就算不能闖入皇宮，也大可體驗一下皇室品味罷，身為港女又怎能錯過到皇室御用的茶室食tea打卡。雖然在香港都可以隨時來個afternoon tea，但作為港女，自己都很難相信食afternoon tea的次數一隻手都數清。話雖如此，我也知道食tea有既定的禮儀，除了有high tea和low tea之分，連碟的高低也影響進食的先後次序，又是「階級」作怪，理應由下層的鹹點開始食至上層的甜點，但我偏不喜歡這規矩，還是梅花間竹比較易將點心吃完。那杯奶茶，確實不是我杯茶，奶不夠香，茶不夠濃，我還是更喜歡茶記[11]的港式奶茶。

埋單後，我們捧著肚子到茶室的下層逛逛，場內只有小貓三四隻，大概是準備打烊罷，我們逐層兜個圈，慢走離開。這時一名戴著高帽，身穿燕尾服，有如禮服蒙面俠[12]的紳士型男士以純正的英式口音，面帶微笑，風度翩翩地問有什麼可為我們效勞，明明他的潛台詞就是要把我們趕走，但出自他口中的卻是美麗的措辭，我們只好識趣地回應一句「不好意思，馬上離開了」，然後加快腳步，直奔到出口。紳士的話，聽落虛偽得很，但這正是英國人擅長的語言偽術。我佩服他們可以腦筋急轉彎，練到爐火純青，但這種轉彎抹角的溝通模式是我最討厭的。我有很多個我，然而，諷刺地，我有時在自己身上看到了英國人偽善的特質，

尤其是面對比自己高級，與自己不熟悉的人，面要盡界，禮要盡守。

大概每時每刻注重courtesy和manners的不只局限於上流貴族，還滲透在平民百姓的骨子裡，像是國民性格一樣。除了喉糖婆婆之外，記得有中佬在地鐵車廂強行衝閘，令車廂內一名少男乘客差點被推倒，而少男當時只是略為加重語氣說了句禮貌得很的「Would you mind？」。假如同樣的事情發生在香港，中佬[13]可能早就已經被問候全家了。普羅大眾面對面在公共交通工具守禮也見怪不怪，沒想到連私家車過收費隧道前，路牌也只標明「Have you paid？」，而不是簡單直接地請人付費，英國人未免也虛偽得太徹底，太完美了罷！

食慣「牛肉乾」[14]的旅伴在英國這個講求秩序的社會當然輕易中招，怎料是慣犯的他今次竟然史無前例地即時繳款，原來上網早交罰款都有折扣，當然早交早享受。英國人管治果然有一手，以經濟效益為大前提，實際得很，難怪不少殖民時期出身的上一代練得一身好武功，被灌輸「No money, No talk」的他們容易急功近利，總之一切向錢看，不論是貴族中產或是勞動階層，只要安分守紀，努力做奴隸，在社會自有立足的餘地。至於賺錢以外的事則毌須多管，管理的工作就留待鬼佬高層處理，肥上瘦下，明明被打壓卻自我感覺良好，崇洋的文化也逐漸蔓延。

時至今日，雖然從商的都紛紛擁抱大灣區，但這種隱藏的崇洋生態仍存在於不少外資企業，擁有環球業務的某大銀行就是俵俵者，總部在英國，權力核心都是鬼佬。昔日有裁員潮，或者「重整業務架構」，香港幾乎永不落空，明明很多時香港的盈利都可能不俗，但總逃不過被裁的命運。

殖民時代的我只是一名無知小孩，實在沒資格談論太多。的確，當時經濟蓬勃發展，社會秩序良好，英政府功不可沒。但我更想知道的是究竟在高人一等的英雄眼中，香港人是否就只是有利用價值的蔗民呢？生於一個普通的香港家庭，英政府沒有賦予我任何英籍的身分，也沒有賦予我普選的權利，有的只是「五十年不變」，以及一本連在英國電子通道入境都不受理的BNO，恕我實在未能理解戀英情意結從何而來。

我不戀英但也親不了中，我自知不屬英國，但也未能心歸祖國，不倫不類。大概守禮和階級觀念是中西文化的共通點之一，難怪在自己身上我看見了這些特質。矛盾的是人越大，我就越不喜歡這個我。我更希望成為一個可以忽略繁文縟節、暢所欲言、身心自由的個體。

在我心目中，普遍英國人都很會演，在不同場合都只會説「對」的台詞，任何時候都交足戲，全情投入飾演自己的角色，戲中有戲，總是為觀眾保留自行解讀的空間。英國是文學家的產地，正所謂文人多大話，文質彬彬的英國人習慣以禮相待，風度翩翩，説話夠虛偽，文人的稱呼實在當之無愧。人人講説話，唔通人人都識講説話[15]？英國人的文藝氣息不是説培養就培養，我也儘管嘗試模仿一下吧：

從前，有隻見錢就開眼，容易被馴服的奴隸獸，奴隸獸的主子是一名斯文的外國商家，有一雙白鴿眼，擅長演戲，精於管理和維持秩序。在主子的悉心訓練下，奴隸獸的戰鬥力越來越強，就連女皇陛下都曾經多次大駕光臨，一睹奴隸獸的真面目。後來商家在一場交易中，將奴隸獸賤賣了給另一名禽獸動物園園主，皆因園主聲稱奴隸獸生於禽獸動物園，理應物歸原主，最終，奴隸獸被禽獸動物園接管了。外國商家在送走奴隸獸前，已經吩咐了禽獸動物園園主以同樣的模式管理奴隸獸，禽獸動

物園園主最初聽隨吩咐，將奴隸獸隔離，自成一角。後來，園主逐步強行將奴隸獸和禽獸混在一起，用飼養禽獸的方法管理奴隸獸，奴隸獸完全無法適應，幾乎窒息，惹得容易被馴服的奴隸獸也獸性大發，開始反抗禽獸動物園園主，展開了前所未有的困獸鬥。明明兩者並不相容，過往不同的主人令只有一籠之隔的奴隸獸和禽獸在生活習性上變得截然不同。物競天擇，適者生存，究竟最後奴隸獸會否適應禽獸般的生活呢？還是奴隸獸會垂死掙扎，最終被弱肉強食而絕種滅亡呢？抑或奴隸獸會因身處的環境被改變而成功進化成人類，然後將禽獸動物園園主擊倒呢？所謂人禽之別，就在於人對理想，對價值有所追求，而禽獸只需要滿足物理層，生物邏輯層和生物文化層。最近，奴隸獸好像開始稍有進化成人類的跡象，究竟奴隸獸和禽獸動物園園主的下場又會如何呢？《奴隸獸與他們的產地》，請拭目以待……

名校住宿體驗@牛津宿舍 St.Stephen's House
#回到校園時　#扮一日高材生　#扮學生妹　#摺宿一宵
#住私家hall　#重有canteen早餐食　#check-in有機關

1   「眈」是偷看、凝視的意思。

2   「麻甩」一般形容比較粗魯，有男性化的意味。

3   「髀罅」即是大腿內側的意思。

4   一「甩」其實是一粒的諧音，出自多年前一個經典軟糖廣告的最後一句，小
      妹妹發音不準在問:「你要唔要食一粒？」，將「粒」讀成了「甩」，因深
      入人心而被廣泛應用。

5   此句為香港經典歌曲〈皇后大道東〉的歌詞，由林夕填詞。

6   「疊馬」是很多馬的意思，解作人強馬壯。

7   「扒手」是小偷的意思。

8   「收兵」是指「娘娘」對追求者左右使喚，來者不拒，又不予名分的舉動。

9   「派軍糧」是指「娘娘」用不同形式獎勵或滿足「兵」。

10   「堅離地」是不知民間疾苦，不切實際，高高在上的意思。

11   「茶記」是茶餐廳的意思。

12   「禮服蒙面俠」是經典卡通片《美少女戰士》的卡通人物。

13   「中佬」是指中年男人。

14   「牛肉乾」可以指食用的牛肉乾，也可以是交通罰單或告票。

15   出自阿嬌的金句「個個都拍拖，唔通個個都想拍拖咩」，句式被應用到不同
      場合。此句意思是幾乎人都講話，是否就等於人人都會講話？

#西洋偽術　#英式幽默係黑色幽默　#開口埋口ladiesandgentlemen
#特別的説話技巧

睇莎士比亞名劇@莎士比亞劇場
#一場大龍鳳　#莎士髀罅　#文人多大話

換兵儀式@白金漢宮圖
#點指兵兵　#peoplemountainpeoplesea　#人做兵我又做兵
#一人之下萬人之上嘅事頭婆　#YourMajesty　#DramaQueen　#地表最強的影后

#英式牛肉乾　　　#似曾相識　#雙層巴士　#面善又友善　#殖民證據
#違例泊車會被檢控

嘆Afternoon Tea@Fortnum&Mason：
#皇室御用　#港女扮淑女　#CoffeeTeaorMe

The Fortnum & Mason
Diamond Jubilee Tea Salon was opened by
Her Majesty The Queen on 1st March 2012,
in the sixtieth year of h   accompanied by
Their Royal Highness   ess of Cornwall
and The Duc   idge

泛舟湖上＠劍橋大學
#再別康橋
#輕輕的我走了正如我輕輕的來

巨石陣圖

泰晤士河、倫敦塔橋
#Londonbridgeisfallingdown

大笨鐘

關心港人的海島

每次走到航空公司的櫃檯前check-in，都會有一刻幻想自己成為被免費upgrade的幸運兒，然而在二十多年的旅遊史中，就只遇過一次如此神奇的事情，而且還是同行的尊貴會員帶挈的。除非可以入lounge慢慢嘆，否則只會在航班起飛前個半鐘到機場，除了破例的那一次……

2019年9月11日，因應機場限制出入，旅伴和我比平日提早抵達，準備前往隸屬美國的關島，一個比想像中關心港人的海島。如報導所見，一號客運大樓被水馬重重包圍，所有旅客必需出示登機證及護照方可進入機場，如此嚴陣以待，外人誤以為恐襲戒嚴也不足為奇。究竟把遊客嚇怕的是示威者、警察，還是「正苦」呢？作為「非社會持份者」[1]的香港市民，連自己都被混淆視聽，經過「fact check」都無法看清事實的真相，外人又會如何解讀呢？

航空業發生白色恐佈，機師盡地主之誼，向機上乘客講解香港的現況，說句「香港加油」竟遭解僱。可能越是被打壓的聲音就越引起關注，想不到在乘坐由香港直航關島的聯合航空客機上，外籍機長在機艙廣播的第一句竟然是廣東話的「你好」，接著是美式口音的英文廣播，最後再以「唔該」作結，這應該是有史以來我第一次聽外籍機長中英夾雜，用廣東話向乘客問好。最後那句「唔該」更帶點異國色彩，突顯普遍外國人難以分辨「多謝」和「唔該」的通病，霎時間我心裡有種莫名的滾動[2]。雖然廣播內容與平日大同小異，但此舉別具意義，那怕機長只是講了四個字的廣東話，至少感受到「外國勢力」的那份支持。

話說持BNO或者特區護照的港人都可免簽證到隸屬美國的關島，不知道此優待可維持多久，不過只要有美國簽證的話，入境理應不成問題。為了疏導人流，關島機場的過關處設有自動化手續機，介面的首頁可設定顯示語言，居然罕有地出現了繁體（廣東話）的選項，當然也不少得簡體和繁體（普通話），這部機簡直就將「外國勢力」故意識別中港台三地的事實表露無遺。對上一次在紐約入境，旅伴忽略了選廣東話操作的提議，今次竟然改變主意以廣東話操作，其實，既然難得準確地拿捏代表香港人的語言，何不多多支持，多用自己的語言呢？當然，選任何一種語言，過關的程序理論上都一樣，但如果沒有人選用繁體（廣東話），可能在不久的將來就會被淘汰。平日每當需要作出語言選擇，一般都不會出現廣東話的選項，而大家亦習以為常，一來說廣東話的人不夠多，二來廣東話的書面語未被廣泛承認和使用，不提供廣東話的選項看似十分合理，然而，這其實是個要戒的陋習，是醜陋的「陋」，習＿的「習」，不是馬仔漏閘的那個「漏」和「閘」，最緊要正字正確。樂觀地想，馬仔漏閘[3]也有後上勝出的機會，或許只要夠集氣，廣東話也有機會在往後的日子被發揚光大。

不過，話又說回來，作為港人，連學習粵語書寫的機會都沒有，又何來發揚光大呢？最悲哀的並不是粵語沒有被清楚定義為法定語言，而是更多時候使用粵語書寫被視為低俗、沒有文化的表現，甚至連在寫書的這一刻，我都質疑自己刻意在文中加插粵語的決定。敢問文筆優美，肚子裡墨水滿瀉，學識淵博的智者們，如果要堅持傳承古代文化，何不力爭用文言文溝通呢？如果套用相同的邏輯，豈不是文言文進化成白話文其實都是時代的倒退？其實，古代文化和當代文化都各有存在的價值，難道執著分高下或者對與錯比捍衛潛在絕種危機的語言來得更有意義嗎？畢竟語言是文化的載體，理應反映當代的文化，所以某程度上，語言的

演變也是約定俗成，在執著「文筆」有多好的同時，可否都從另一層面思考一下，而不是處處用所謂的「準則」去否定通俗文化的價值呢？

多得中大[4]，二十歲那年終於第一次正式學習廣東話的語音體系，嚴格來說，我根本連自己的語言也不會，這不算荒謬了，更荒謬的是連外地都承認廣東話的時候，居然廣東話在香港卻未被完全承認是一種獨立的語言，不承認的堅持廣東話只是方言的一種，這實在是最大的謊言。我不是學者，但也記得以前大學上語言學的課堂就探討過語言的定義，假如兩個說著不同語言的人走在一起對話，而他們仍然可以彼此互相溝通，那就應該定義為方言，如果不能溝通，那就應該定義為兩種語言。實驗證明，我那位只會說廣東話的婆婆，對著說普通話的人都有溝通障礙，另一位外國長大而又只會說英文和廣東話的老表也不例外，我實在想不到任何理據不將廣東話視為一種獨立語言。

人在海外，如果要在中文和英文之間二擇其一，我傾向選英文多過中文。不是自覺英文比中文好，而是總覺得譯本不及原本那麼原汁原味，加上用中文就自我感覺差一點，繁體還好，殘體？不了。後來，畢業於英文系的我，日漸發覺自己其實也不太喜歡講英文，講英文的我根本不夠自在，很多時更傾向舒服地講港式英語（Chinglish）。回想起昔日老師總會責怪學生的港式英語多不濟，但當「add oil」都被權威性的牛津字典納入為正式的英語詞彙時，說港式英語又有什麼不對呢，明明港式英語和英式或美式英語都可以並存。比起說港式英語，我更鄙視那些對ABC/BBC/CBC[5]刮目相看的偽ABC/BBC/CBC，或者某些自恃高人一等的ABC/BBC/CBC。

我越來越不滿意自己對於說廣東話欠缺一份堅持，身在香港卻不時用英

文或普通話跟外國人溝通，而不是讓別人學習廣東話跟我們溝通。就連Siri/Google assistant都會說廣東話，不少外國人都開始學廣東話的時候，為什麼香港人就不能更有意識地對待自己的語言呢？值得思考的是，在別國旅遊時，不時都會遇上不會說英語，只會說當地語言的人，遊客對此亦見怪不怪，反而促使有心人學習當地語言。可能都覺得香港是國際城市的緣故，精通兩文三語好像是理所當然，那敢問2021年的奧運主辦城市東京呢？當然成功申辦奧運後，當地也大力推廣英語，但平日在東京說英語有多普及，大家心中有數，儘管如此，東京仍無可否認是亞洲數一數二的國際城市。慶幸透過一連串的社會運動，連帶港人也慢慢意識到自己文化自己保護，自己語言自己撐。

在關島過海關那刻，職員得知我們來自香港就馬上送上慰問，又嘗試了解香港的形勢，問到機場狀況。今次算是第一次在旅途上感受香港的政局備受關注，在欠缺經驗之下，我有點不懂回應，一來不知道對方想法，二來很難三言兩語深入淺出地講解，所以當時唯有支吾以對，我討厭自己想了好久但直到離開那刻還是想不到一個恰當的回應。

介紹返，關島除了當地人之外，其餘幾乎都是日本人或韓國人。有趣的是，似乎居於關島的日本人有別於日本生活的原居民，大部分都會說流利英語；同樣地，不少皮膚黑實的當地人也能操流利日語。這大概是因為關島曾經是日本殖民地，而真正屬於當地人的語言其實是甚少聽到的查莫洛語。某程度上，香港與關島有點相似，大家都因殖民背景而成了hybrid，香港是匯聚了中西文化的地方，關島則深受美國和日本兩種頗為極端的文化所影響，加上曾經被西班牙殖民過，承受更多更複雜的文化衝擊。當多種文化匯聚在一個小島之上，究竟關島人如何看自己呢？雖說美國文化和日本文化是兩個極端，卻是我最喜歡的兩大文化之一，我

喜歡美國人友善隨和，單刀直入，同時又欣賞日本人自律守禮，一絲不苟。可能受到相當程度的文化交叉感染，我經常也懷疑自己有多重人格的傾向。

旅行的首天入住韓國品牌樂天酒店，基本上酒店前台提供的資料都是看不懂的韓文。後來，一出電梯發現全層布滿強烈的泡菜味，粗略估計酒店超過九成的住客都是韓國人。難得來到關島，為什麼他們仍然對泡菜如此念念不忘呢？正當在關島被韓國人包圍之際，剛巧收到一位韓國朋友的問候，她告訴我最近韓國人都在罷買日本貨，令她驚覺自己不知不覺地被日本貨入侵了生活，而我卻好像從來沒有這樣想過。雖然沒有淘寶的習慣，但自覺消費意識薄弱，如果連自己都不支持僅餘的香港品牌，只支持外資中資品牌，香港的本地品牌又靠誰來支持呢？後來，我在關島便利店看見零食架的最低一排售賣嘉頓威化餅，在街邊士多見到出售合味道香辣海鮮杯麵，有一刻想過應否支持一下，象徵式地購買一二，不過最後還是接受不了捱貴價買食過無限次的香港貨。我反覆思考，究竟要怎樣才可磨練一下自己的骨氣，令愛港精神大過天，讓港人的尊嚴凌駕於一切呢？這時，一位士多[6]的阿豬媽跟我以普通話閒聊，她問我來自哪裡，沒説幾句，她就贈送飯團兩嚿。另一位商店的美國收銀員，則默默地對我們説：「Stay Strong！」不知從何時起，作為香港人就好像自然會被予以同情和鼓勵，是因為我們是勇者，還是認定了我們就是弱者呢？實在有點哭笑不得的感覺。

關島是個海洋小島，除了玩水上活動之外，也安排了其他刺激的活動，實行玩盡海陸空。繼旅伴在希臘零經驗揸大飛[7]之後，我再次將性命交託他手上，今次安排了揸小型飛機翱翔萬里，連車牌都沒有的我又豈有揸飛機的膽量呢。日籍機師只是簡單地講解了大概十分鐘就出發了，當

場還有機師的另一名日籍助手協助我們上機，他用普通話對我說「安全帶」，坐在前面的機師居然馬上向他強調了幾次是「from Hong Kong」，助手猶豫了幾秒之後，改口跟我說「belt」，大概今天外國人眼中的香港人都是玻璃心[8]而又勇武的叛徒罷。作為旅伴背後的旅人，視野被遮擋了大半，但仍能安全地感受著成功起飛，沿途俯瞰關島的景色，在空中盡情放空，就連機師多次以「wife」稱呼我都懵然不知，大概是不習慣這個陌生而有趣的稱呼罷，被貫上人妻的身分，29+1實在不得不認老了。

飛機已揸，但手槍未打都不夠完滿，難得有機會，又怎能錯過野外射實彈槍，在亂世之中學開槍也算是多一技傍身罷，由零零柒入子彈，到揸槍瞄準目標掃射都試過，原來打野戰真的少點力量和膽量都不能成事，沒受過軍訓的自然技遜一籌。接載我們往返場地的工作人員一上車說了聲「靚仔」，然後問我們為什麼香港人開完槍都會說「diu」，大概他是裝作不懂跟我們打開話題。除了問起香港機場的情況，他更說香港人是當地遊客之中英語最好的，並將此歸功於英國殖民效應，究竟他這樣想是源於自己也某程度上在學習語言方面深深感受到殖民影響，還是被香港人灌輸這想法呢？

我鼓起勇氣由輕型手槍開始挑戰逐級上，每一發子彈都令人震耳欲聾，看著槍口的熊熊火光，加上被開槍時那反作用力所嚇，手槍已經是我的極限。可能真是男女大不同，看著旅伴拿著AK47開連環機關槍時那興奮的樣子，與我龜縮時的僵硬表情形成強烈的對比，當時畢竟沒有穿避彈衣，而一地彈殼的戰場也是自由出入，每一次的槍聲都令我提心吊膽，好不容易幾十發的子彈終於玩完了。走的時候，日本老闆知道了我們是香港人，隨即說「umbrella」，然後再用普通話說「謝謝」，旅伴終於忍不住用有限的日文解釋，在香港我們的母語是廣東話，不是普通話，還

教他説「多謝」。

過往出國遇過不少外國人,他們都會將香港和中國內地劃上等號,儘管我嘗試解釋兩者的關係,他們都顯得一頭無緒。曾經想過,連只有荃灣區人口的冰島都廣為人所認識,究竟如何才能將香港作為「特別行政區」,有別於一般中國城市的特殊地位向外推廣呢?沒想到經反送中一役之後,他們好像也對香港的現況略知一二。其實,讓外人多認識香港的心一直都在,只是種種跡象顯示,今次好像是前所未有的奏效,不禁心裡沾沾[9]。然而可悲的是,正當以為看到曙光,漸入佳境之時,香港的「特殊地位」已經有逐步被削弱的跡象,所謂的「特殊地位」真的還存在嗎?

雖然感覺好像多了外國人關注香港,不過,我絕不希望他們只是聚焦在香港的政局。慶幸在旅程中,發現當地人對香港的印象也算是多元化的,旅行社的日本職員説香港的高樓大廈令他印象深刻,好像荷李活電影的畫面一樣,香港的街頭小食更令他念念不忘。另一名當地導遊説起颱風,就想起山竹對香港所造成的傷害,我發現了解外國人眼中的香港實在是有趣的事。就個人來説,我不太在意外人對自己的看法,因為懂我的人自然會明白,不懂我的人亦無必要解釋。但對於我作為香港人,卻或多或少會在意香港在外國人眼中的形象,就連我自己都解釋不了這種重視港人身分被認同的心理從何而來,係愛,定係責任呢[10]?

關島的水上活動多不勝數,今次旅伴和我一同體驗了野外划艇到查莫洛村落,同行的還有一對老年和中年的日本夫婦,老中青組成三隻艇。眼見水面呈泥綠色,危機四伏,第一次划艇的我們,以不翻艇完成探險為目標。平日生活在石屎森林[11]的我倆,突然人在野,轉戰紅樹林,難免

有點手足無措。不過，離開comfort zone，作出新嘗試正是旅行的意義之一。今次發現最大的敵人不是自己，而是蚊蟲。我們不斷被蚊蟲攻擊而不耐煩，但同行的日本人卻悠然自得，輕鬆穿過又矮又窄的叢林陣，青年組的我們經過多番掙扎才成功過五關斬六將，實在自愧不如。

來到海島，當然也安排了出海，我看準了魚眼公園附近的水域海水清澈，海洋生物繁多，更是潛水練習聖地。起初旅伴環顧四周的海面，眼見魚群游來游去也提不起勁，後來，從公園的海中水族館發現鯊魚出現在大概八米水深的位置，心想大概夠他興奮吧，怎料他竟説怕被咬」。經過多番商量，我們終於明知海有鯊，偏向鯊海游，不過安全起見，只在淺水帶浮潛。海底世界多姿多采，魚種多，海參、海星、珊瑚礁等海洋生物應有盡有。然而，當下身心疲累的我，最享受的並不是看見水底有多美麗，而是能夠離時代遠遠，沒人間煙火[12]，完全融入大自然之中享受The Sound of Silence[13]，清清楚楚聆聽自己一下一下呼吸聲，自由自在地漂浮於大海中，盡情放空，太治癒了。

本來打算藉此行逃離一下令人窒息的城市，自由呼吸一下新鮮空氣，苦中作樂，想不到香港的水深火熱已經傳開千里，即使身處外地，仍然每天都有人主動向我們提及香港的事情。居於香港這個家，自小對社會上很多不合理的事情都逆來順受，當蒙面持槍的「警員」在無須出示委任證都可隨時變身執法，滿城催淚彈卻頒布緊急蒙面法阻嚇市民戴口罩，市民根本連呼吸的空間都沒有，可笑的是，在緊急蒙面法仍然生效期間爆發武漢肺炎，疫症當前，全人類不得不戴口罩抗疫，難道是連老天爺都看不過眼而暗中出手？

不出國也不知道事態嚴重到連身處異地，喘息的空間都近乎被抹殺了，

沒想到幾個月後，連出國都可能有困難，出了境都隨時被拒入境。隨著香港紛紛出現無可疑的人間蒸發事件，香港飛關島的直航亦已經銷聲匿跡了，沒有直航大不了轉機，最多轉折一點，最重要是和你飛的路一直都在。

1 香港特首曾公然指某些市民「不是社會持份者」（"no stake in the society"）。

2 「滾動」即感動的意思。

3 「漏閘」是賽馬時，馬匹特別遲出閘的意思，可能會導致落後於其他馬匹。

4 「中大」指香港中文大學。

5 「ABC/BBC/CBC」是指American/Australian-Born Chinese/British-Born Chinese/Canadian-Born Chinese，即生於外地的華裔。

6 「士多」是Store的譯音，雜貨店的意思。

7 「揸大飛」指開摩托快艇，「揸」即開，「大飛」以前通常用於走私或偷渡。

8 「玻璃心」形容脆弱敏感，容易受傷，因為玻璃造的東西特別易碎。

9 「沾沾」是潮語，「沾沾自喜」的意思。

10 「係愛，定係責任呢？」是潮語。事緣為風暴襲港，地盤工友問同伴：「年青人，究竟有咩動力，驅使你喺呢個暴雨下工作呀？係愛呀？定係責任？」工友似笑非笑、斬釘截鐵地答：「係窮呀！」

11 「石屎」是混凝土的意思，「石屎森林」常用來形容一個城市到處都是混凝土建成的高樓大廈。

12 此句為香港著名歌手陳奕迅的歌曲〈我的快樂時代〉的歌詞。

13 〈The Sound of Silence〉是經典西方電影《畢業生》（The Graduate）的主題曲，The Sound of Silence解作安靜的聲音，帶矛盾之意。

小型飛機駕駛體驗@ Sky Guam Aviation
#自己飛機自己揸
#那一天我們會飛
#freerider

水族館開餐@UnderWater World
#水族館夠鐘變身餐廳　#山寨馬代
#食住海鮮睇海鮮　#慢慢變老海鮮
#有得食有得睇有得影
#一次過滿足晒三個願望

浮潛@魚眼海洋公園
#當呼吸都有害　#蒙面俠海底深呼吸　#以後浮潛用面具要小心
#因為戴面具不是良好市民哦　#babysharkdootdootdootdoot　#小心鯊魚咬J

#潛一潛水先　#自游自在

情人崖

Blue Aster Chapel

槍擊體驗@Guam Outdoor Shooting Range
#打野戰　#打真軍　#電光火石間讓子彈飛　#美少女轉身變已變成戰士
#大笨象揸支槍　#嚇死寶寶　#寶寶心很累　#開槍CLS

獨木舟@Valley of the Latte
#廢青獨木舟　#水洗都唔清　#查莫洛係關島原住民　#人在野餵蚊
#月色搖晃樹影_穿梭在熱帶雨林　#翻版亞馬遜

Dam_it

習慣了香港潮濕的氣候，幾乎去到歐洲任何一個城市都覺得極度乾燥，加上從英國坐遊輪到荷蘭之前，不是乾啃麵包，就是食炸魚薯條，灌鬼佬涼茶[1]又未清熱先飲醉，實在荷蘭燥底[2]。

脫離了邪惡的炸魚薯條，旅伴和我滿心期待空肚食早餐[3]，我們先試當地名物荷蘭斑戟，旅伴隨便揀了羊奶芝士味，我淺嚐一啖就把全身所有細胞都喚醒，那羶味在口中遺臭萬年，連行街期間不時吐出那道胃氣都尚有餘韻，全靠那一啖令失眠的我也精神為之一振。直到晚餐，以為多年前荷蘭的救國名物緋魚可以當飯食，誰不知連環中伏，那魚腥的重口味連狂食洋蔥都蓋不過，我一時思鄉病發，幻想眼前出現一碗暖胃的熱湯，最終還是忍不住仆到唐人街醫肚。自此以後的long haul，尤其是冬天出發的，旅伴就會暖男上身，什麼都可以忘記，就是不會忘記為我準備湯包這comfort food。

明知淪為水魚[4]，平日歐遊甚少會刻意去唐人街，今次算是大開眼界。阿姆斯特丹的唐人街比想像中熱鬧，來自五湖四海的中式食肆林立，旅伴和我亂入了一間中菜館，座上大部分都是外國人，我倆算是少數的黃皮膚食客。此時，一位熱情的華人主動上前招呼，一開口就問我們來自哪裡，聽到是香港之後，他顯得有點雀躍，然後說著有點不一樣的廣東話跟我們聊起來。他一眼就看穿我們燥底，更發表華人吃芝士和揼死狗[5]挨不了幾餐的言論，再道出亞洲人的腸胃不夠力消化外國菜，始終跟鬼佬比下去的道理。他那精闢的見解可謂一針見血，我實在不能同意更多。

犯賤地喝著8歐一碗淡而無味的紫菜蛋花湯，有種說不出的滾動[6]，很治癒。吃過幾道小菜後，簡直要重新審視中菜的定義，價錢當然也是另一亮點。眼見席上吃貨的外國食客吃得津津有味，我終於明白為什麼移居海外多年的親戚都清一色經營中菜館，憑我多年來幾乎零入廚經驗，大概也可以輕鬆搵兩餐。說起移民，這位侍應自爆二十來歲就被當時的公司委派，隻身由香港移民荷蘭，一來便是二十多年了，已經融入了荷蘭生活的他說政府的福利很不錯，當地人又友善，完全沒有回流香港的打算。事實上，當時聽完他這番話，我沒有半點葡萄[7]，也不曾想過要移民，然而，隨著日子過去亦開始改觀，也許2019年是繼97回歸掀起一陣的移民潮後，最多港人重新考慮移民的一年罷。

荷蘭重口味推介

A. 荷蘭馳名鯡魚
　（Signature Dutch Herring）

B. 荷蘭式羊奶芝士班戟
　（Dutch Style Goat Cheese Pancake）

#正宗荷蘭腥
#內有洋蔥都辟唔到腥
#食多嚿魚
#唔好睇少多嚿魚
#鯡魚是救國恩物

#正宗荷蘭羶
#餡料與班戟融為一體
#係咪食咗隻羊全家
#食完變羊牯
#想家的滋味

建議以上暗黑料理加配思鄉味中湯暖胃，有需要請自備嘔吐袋

\#荷蘭小班戟叫Poffertjes
\#無料勝有料

\#貴為荷蘭名物的陶瓷叫China
\#教我如何不覺Blue

香港理應五十年不變，距離2047還有超過廿五年，社會卻幾乎已經完全變質，試問誰敢想像將來會變成如何呢？今天的香港已經變成一個以服務強國人為中心的城市，樓價被強國土豪炒起，一街藥房金行滿足自由神，來港產子的雙非[8]在醫院爭床位，跨境水貨客拖喼[9]拖到車水馬龍，一切生活必需都好像變得求過於供。不過，即使有怨言，大部分港人為了生存，一直以來都只會逆來順受，埋頭苦幹。2019卻變得不一樣了，硬推逃犯條例實在挑戰港人的底線，二百萬加一人上街遊行，隨時打破世界紀錄，先不論推出逃犯條例的好壞和成效，在國際一線城市有二百萬人提出同一個訴求，難道可以視若無睹嗎？最初和平有序地反送中，要求撤回修訂的聲音卻完全被忽略，不升溫也不被理會，那又是為何？就連成立獨立調查委員會還大眾一個公道，至今都仍然遙遙無期，而重金禮聘的外國專家都質疑監警會的本質，最後更劈炮割席兼走佬，試問留下來又可以怎樣呢？

親，民主是個好東西，革命尚未成功，同志仍需努力，給力吧！連給力的機會都未有，武漢肺炎就已經殺到香港，疫症當前，窮人、有錢人、大公司、中小企和我的下場都一樣，一起加入搶罩戰，有人更在嚴寒中通宵排隊撲口罩，亦有人偷廁紙搶米。面對堅持關不需全封，說戴口罩不是必要的「正苦」，連帶接二連三的荒誕事情真的把香港人迫瘋了，強烈的無力感驅使香港人不得不考慮逃離這個家不似家的地方。然而，真的可以一走了之嗎，移民又會好過一點嗎？我不敢說。

的確，如侍應所說，荷蘭人是十分友善的。記得當旅伴和我在阿姆斯特丹搭巴士前往風車村的時候，上車才發現自己身上並無散紙[10]，迫不得已硬著頭皮掏出一張50歐紙幣，預著隨時有被司機拒載的可能，怎料司機不但沒有西面[11]，還二話不說就從自己的錢包取出紙幣跟我們兌換，我誠心多謝過她，然後也提醒自己日後對遊客也要寬容一點。這絕不是個別例子，又有一次旅伴和我嘗試搭輕鐵前往I amsterdam（即是那個被當地人投訴打卡擾民而已經被拆走了的地標），在車上買票時，我們多口向售票員確認列車會途經目的地，然後就走到遠處有空位的車卡坐低，想不到與我們有一大段距離的售票員居然在到站前多番大叫提醒我們下車，太貼心了吧！

風車村（Zaanse Schans）
#荷蘭風車

國家博物館（Rijksmuseum）
#被消失的打卡聖地　#我阿姆斯特丹
#我是斯特丹　#影響當地人生活即拆
#民主是個好東西　#很想要吧

花田單車遊@西面一帶郊區

[Haarlem/Heemstede/Hillegom/Lisse/Sassemhein/Leiden]
#春田花花　#3-5月季節限定　#故事的小黃花　#路邊野花不要採
#單車郊遊遊　#Keukenhof花園人多又人工　#莫帶人遊花園
#難離難捨想抱緊些_茫茫人生好像荒野

另一次更誇張的情境發生在偏僻的郊區，旅伴和我好像電波少年一樣，一早參觀荷蘭最大的花卉交易市場，然後帶著當地人的祝福長征，大概轉了十次交通工具（沒有十次也至少有八次），終於成功踩單車馳騁到遙遠的花田。可惜，含苞待放的國花鬱金香尚未盛開，雖然與鬱金香緣慳一面，但也算是看到在花田上來勢洶洶的黃花，在陽光照射下，像是偏地黃金在無限向外伸展，那「霸黃花」喧賓奪主，該不會是牡丹花

吧，我也看不出來。即使路途遙遠，可以和旅伴一邊踩單車一邊欣賞花海，呼吸清新的空氣，這趟也值了。回程的路一樣十分轉折，記得在入黑時分，我們去到一個方圓十里都杳無人煙的戶外火車站等車，等了一段時間都好像沒有任何列車駛過，心裡開始感到疑惑和不安，就在這時有當地人路過，本來踩著單車直行直過的他，忽然在漆黑中主動回頭來伸出緩手。我們不發一語，居然也有好心人關照，最後順利出城，太滾動了。

在荷蘭才三日兩夜，遇到的好人好事也多得不能盡錄，在荷蘭生活多年的侍應，相信遇過無數友善的當地人，不過，儘管如他所說，荷蘭人很好相處，移民生活十分美好，一切看似很理想，但認真一想，當自己這邊廂在埋怨「正苦」讓強國新移民來港搶資源，又以蝗蟲稱呼他們的同時，那邊廂如果自己移民到別國，又豈不是在做同一樣的事嗎？當然外地的資源未必及香港緊絀，而且照常理當地政府亦會先保障國民利益，不過，當地人真的會當亞洲面孔是自己人嗎？

另一天，我們租了小艇在城內四周的堤壩（dam）上泛舟，觀賞一幢幢歪歪斜斜，不規則的水上建築物。我抬頭一看，見到地面上有一名金髮男孩在不斷跟我們揮手，還大聲說「Ni Hao」，我理解的，在外國人眼中，黑頭髮黃皮膚就是中國人。不過，那刻的我心裡說了句「Damn it！」，因為他的一句「Ni Hao」把我喚醒了。那天他熱情地問候我們，今天經歷過武漢肺炎之後，假如案件重演，他可能會比較想問候我娘親吧！武漢肺炎觸發了世界各地出現排華潮，慶幸在疫症前也算是踏足過不少地方，因為即使疫情過後，很可能要審慎考慮每個旅行的決定，歐美短期內還是可免則免。

自駕小船@Stromma_Pedal Boat Amsterdam
#自己的船自己揸　　#港女揸流灘　　#我負責睇水　　#路見不平水上屋

即使排華潮過去了，移民人口少，可能變成少數族裔，人口多，則可能
成了難民。就算不論身分問題，學懂他們的語言，又可以同聲同氣，聽
得懂他們的笑話嗎？究竟譚仔阿姐、維園菲傭或是重慶大廈的南亞裔人
士是樂也融融，還是有苦自己知呢？強而有力的消化系統，我又有嗎？
即使華人社區再強大，就代表可以融入得天衣無縫不內訌，會有家的感
覺嗎？此刻的我滿腦子疑問，但也不排除到了某一天，即使移民仍然存
在眾多未知之數，甚至不利的條件，基於眼前的香港已經變得不堪入
目，如同有家歸不得，最終再不甘心也不得不選擇離家出走。

可能上天都有太多看不過眼的事，悉心安排了這場疫症的發生，將一直
沒有被正視，沒有被解決的問題用非常的方法一次過KO了。與其看那
「一戴一露」的版圖有多強大，不如將強國的影響力放大到極致，讓更

多人看清強國的感染力，世衛有多衛生，世界工廠停工對地球環境的影響，逐一承受相信和依賴強國的後果。作為港人，再次看清「正苦」危急應變的能力，無良奸商的真面目，最實際的是讓過分膨脹的金舖和藥房萎縮，過高的樓價和舖租回落，造就更多香港製造的品牌崛起，封關亦直接迫部分人在中港兩地二選一，驟眼看，一下子解決了不少一直解決不到的事情，縱使也帶來負面影響，但某程度上也是一個set zero重新出發的契機。凡事兩面看，有危亦有機，今後的世界會是怎樣呢？

雖然疫症的出現可能轉移了全世界的視線，但反送中的抗爭的確史無前例地出現過。難得曾經因為中港之間的矛盾，藍黃之間的角力，終於令外間知道了香港作為特別行政區有多「特別」。多得外國勢力，香港人甚至歷史性地被提名諾貝爾和平獎，還能奢望更多的奇蹟發生嗎？

如果往後連我這旅行精出國都或多或少會因為排華潮而卻步，那麼，港人是否也有可能令強國人即使中門大開，前來也會卻步呢？又會不會有天香港人都更有意識地消費，甚至可以自給自足，而且又有質素保證，強國巨頭會因此而受到威脅呢？不過，我更加希望香港人可以團結地找出和對準共同目標，而不再自相殘殺，試問一個國際城市連社會上不同的聲音都容納不了，那又稱得上是國際城市嗎？

地球很危險，我只能在失望之中抱著渺茫的一絲希望，祈求可以安全地一步一步走下去，帶著畏懼見證2047的到來。

1 「鬼佬涼茶」是啤酒的意思，因為有清熱消暑的功效。

2 「燥底」是上火的意思，「荷蘭」其實是髒話「好撚」的諧音，是非常的意思，有強調作用。

3 「空肚食早餐」是香港歌手黎明的金句。

4 「水魚」（即鱉魚）指容易上當受騙的人。

5 「掟死狗」是指西式麵包，由於普遍比較硬，把包扔出去就足以殺死一條狗。

6 「滾動」即感動的意思。

7 「葡萄」是潮語，指因得不到而嫉妒或羨慕的意思，形容酸溜溜的感覺，出自「吃不到的葡萄是酸的」。

8 「雙非」指孕婦本身非香港居民，而其配偶也非香港居民。一般用來形容內地孕婦，在港誕下嬰兒，讓嬰兒自動獲得居港權。

9 「水貨客」指瘋狂購買日用品的陸客，然後利用各種途徑跨境轉售圖利。「拖唥」是拖行李箱的意思，在此行李箱用來運載水貨。

10 「散紙」是零錢的意思。

11 「西面」是嘴臉很臭，臉上表情很難看的意思。

275

#畀啲顏色你睇　#三原色教我的道理　#黃藍紅混在一起注定變黑　#CMY_K（畸）
#黃加藍是長青綠　#染紅的代價　#知己一聲拜拜遠去這都市 #二等公民#移民變難民
#nowhereibelong　#去或留 #HomeKong #HKRefugees #有家歸不得
#可否不再對我說NiHao　#麻煩教他們説一聲NeiHo

國家圖書館出版品預行編目資料

不行的旅行／豆腐火火著. --初版.--臺中市：白
象文化事業有限公司，2021.9
　　面；　公分
　ISBN　978-986-5488-65-9（平裝）
　1.旅遊 2.旅遊文學 3.世界地理
　719　　　　　　　　　　　　　110007693

不行的旅行

作　　者　豆腐火火
校　　對　豆腐火火
專案主編　陳逸儒
出版編印　林榮威、陳逸儒、黃麗穎、水邊、陳媁婷、李婕
設計創意　張禮南、何佳諠
經銷推廣　李莉吟、莊博亞、劉育姍、李如玉
經紀企劃　張輝潭、徐錦淳、黃姿虹
營運管理　林金郎、曾千熏
發 行 人　張輝潭
出版發行　白象文化事業有限公司
　　　　　412台中市大里區科技路1號8樓之2（台中軟體園區）
　　　　　出版專線：（04）2496-5995　　傳真：（04）2496-9901
　　　　　401台中市東區和平街228巷44號（經銷部）
　　　　　購書專線：（04）2220-8589　　傳真：（04）2220-8505
印　　刷　基盛印刷工場
初版一刷　2021年9月
定　　價　400元

白象文化　印書小舖 PressStore　出版‧經銷‧宣傳‧設計
www.ElephantWhite.com.tw　自費出版的領導者　購書 白象文化生活館